Liebe Mütter, liebe Väter, liebe Omas,
liebe Opas, liebe Tanten, liebe Onkel,
liebe Lehrerinnen und Lehrer!

Viele kleine Schritte sind es auf dem Weg zum sinn-
erfassenden Lesen. Viele kleine Schritte, vom Leseanfänger
bis hin zum begeisterten „Gern- und Vielleser", bei denen
Sie Ihr Kind unterstützt und begleitet haben.
Im Alter von achteinhalb bis neun Jahren wollen Kinder, die
schon gut lesen können, auch gerne viel lesen und richtig-
gehend eintauchen in Geschichten. Genau dort setzt der
Lesezug-Profi an. Die Geschichten sind dem Alter entspre-
chend leicht zu lesen und vom Umfang her gut zu bewälti-
gen. Zahlreiche Schwarzweiß-Illustrationen bieten einen
zusätzlichen Lese-Anreiz. Die Themenpalette entspricht den
vielfältigen Interessen der Altersstufe. Der Lesezug-Profi ist
ideal für Kinder, die schon „richtige Leser" geworden sind!

Wir wünschen Ihren Kindern viele tolle Leseerlebnisse!

Ihr G&G Verlag
Lesepädagogisches
Lektorat

Sabina Sagmeister

WOLFSBLICK

Mit Illustrationen von
Petra Herberger

Von Sabina Sagmeister unter anderem im G&G Verlag erschienen:
„Piraten-Pia packt an", Lesezug 3. Klasse, ISBN 978-3-7074-2110-1
„Hexe Henriette hext herum", Lesezug 3. Klasse, ISBN 978-3-7074-2263-4
„Der verschollene Wikinger-Schatz", Lesezug 3. Klasse, ISBN 978-3-7074-2351-8

Begleitmaterial zu diesem Buch finden Sie unter www.lesezug.at zum Gratis-Download!
Weitere Informationen siehe Seite 100.

www.ggverlag.at

ISBN 978-3-7074-2379-2

1. Auflage 2021

Text: Sabina Sagmeister
Illustrationen: Petra Herberger
Reihengestaltung: Carola Holland

In der aktuell gültigen Rechtschreibung

Gesamtherstellung: Imprint, Ljubljana

Inhalt

Umzug mit Hindernissen

Der erste Ferientag war drückend heiß. Die Tierärztin, Dr. Karin Gallmeier, saß auf dem Beifahrersitz des Umzug-LKWs und hielt ihre Hände vor den kalten Luftstrom der Klimaanlage.

„Wir sind gleich da", bemerkte Clemens, ihr Mann und ebenfalls Arzt im Tierspital. Er betätigte den Blinker und lenkte das Fahrzeug in die Seitenstraße der Reihenhaussiedlung am Stadtrand. Mit einem langgezogenen Quietschen hielt der LKW an. Karin lächelte.

„Birkengasse 12 – Endstation! Alles aussteigen!", rief Clemens und stellte den Motor ab. Valentina saß zwischen ihren Eltern und filmte mit dem Handy: Wie ihr Papa den Zündschlüssel abzog, wie ihre Mama die feuchte Haarsträhne aus dem Gesicht strich und wie ihr kleiner Bruder Fabian im Kindersitz hinter ihr schnarchte. Papa nickte in die Kamera. Beim Aussteigen trafen ihn die ersten dicken Regentropfen. Einer davon lief innen an seiner runden Brille entlang. „Das war ja klar", seufzte er, nahm die Augengläser ab und putzte sie mit seinem T-Shirt. Dann sah er Mama mit einem Stirnrunzeln an.

„Wenn wir schnell sind, schaffen wir das schon", entgegnete sie, verließ den Wagen und hielt Valentina die Autotür auf. „Leg' das Handy weg und hör' auf zu filmen, es schüttet gleich."

„Sofort, Mama. Der Umzugsblog … meine Follower wollen

8

schließlich wissen, wie es hier aussieht, wie das Übersiedeln geht …"

„Das war das Stichwort, junge Dame. Raus jetzt und hilf mit, die Sachen ins Haus zu tragen. Fabian lassen wir erst mal weiterschlafen." Mit einer entsprechenden Kopfbewegung deutete Mama Valentina, endlich in die Gänge zu kommen. Die grauen Wolken wurden immer dichter und langsam erhob sich eine sanfte Brise.

Valentina stieg aus und hielt ihr Gesicht in den Wind.

„Unterstützung ist unterwegs", verkündete Papa. „Mein Bruder kommt und bringt zwei Freunde mit. Bald. Hoffe ich. Er hat sich verfahren", murmelte er und steckte das Handy wieder in die Hosentasche.

„Ich wollte von Anfang an eine professionelle Umzugsfirma engagieren", sagte Mama und schüttelte den Kopf. Wortlos machten sich die Gallmeiers daran, ein Möbelstück nach dem anderen aus dem Laderaum auf den Gehsteig zu stellen. Zwischendurch sah Mama immer wieder nach Fabian. Der schlief immer noch fest. Mittlerweile hatte der Wind ein wenig zugelegt und auch die Regentropfen fielen häufiger.

„Hallo!", rief ein weißhaariger Herr im Sportdress und ließ seine Fahrradglocke dreimal klingeln. „Ihr seid bestimmt die neuen Nachbarn", sagte er, stieg ab und schob das Rad mitsamt den Einkäufen zwischen einem Esstisch, ein paar Sesseln und zwei Stehlampen in den Garten nebenan.

„Voll", antwortete Valentina für ihren Vater, der gerade ein Regal auf dem Rücken trug und nur schnaufte.

„Schönes Wetter habt ihr euch dafür ausgesucht", scherzte
der Sportler, inzwischen auch schon etwas nass geworden.
„Kann ich helfen?"
„Bitte, danke, Herr …", sagte Mama.
„Engel."
„Passender Name. Wir können wirklich jede Hilfe gebrauchen."
Keine fünf Minuten später kam Herr Engel mit Verstärkung
wieder. „Nicodemus, mein Enkel", stellte er den Burschen
vor.
„Nico, Opa. Nico!", sagte der Bursche und warf seinem
Großvater einen vorwurfsvollen Blick zu.
„Schon gut. Wir sollten jetzt
aber ganz schnell machen,
denn da braut sich ein
ordentliches Wetter
zusammen", sagte Opa
Engel und schnappte die
zwei Stehlampen, die im
Wind gefährlich hin- und
herschwankten. Mama
stapelte die Sessel auf die
mitgebrachte Transportrodel.
Papa brachte sie ins Haus.
„Na, dann wollen wir mal",
sagte Nico und seufzte.
Er presste die Lippen

Fahrrad-
fahrer

Herr Engel
kommt mit seinem
Enkel
NICO

zusammen und trug mit Valentina eine Kiste, auf der „Spiele" stand, hinein. Kaum waren sie wieder beim Auto, zerriss ein Donner das monotone Regengeräusch. Die beiden Kinder kletterten sofort in den offenen Laderaum. Jetzt prasselten die Tropfen lautstark auf das Dach des Umzugswagens. Karin, Clemens und Opa Engel kamen gelaufen, um die restlichen Möbel, die im Freien standen, vor dem Gewitter in Sicherheit zu bringen. Valentina filmte das hektische Treiben von der Ladefläche aus. Plötzlich rief Mama ihr zu: „Bring Fabian ins Haus!", während sie mit Papa den großen Esstisch samt Glasplatte wegschleppte.

„Ach! Fabian hab ich ja ganz vergessen", murmelte Valentina und rannte um den Wagen herum.

„Ich komme mit!", beschloss Nico und folgte Valentina. Sie öffnete die Autotür und die beiden kraxelten patschnass in die Fahrerkabine.

„Fabi…? Fa–bi–aaan! Wo bist du?!", brüllte Valentina und starrte auf die Liegebank mit dem leeren Kindersitz. Ihr Herz klopfte bis zum Hals. „Wie ist er bloß hier rausgekommen?"

„Wie alt ist er denn?", wollte Nico wissen und war mit einem Schlag ganz bei der Sache.

„Er ist fünf."

„Vielleicht spielt er schon im Kinderzimmer."

„Voll", erwiderte Valentina und zog ihren brünetten Rossschwanz fester. Das laute Grollen eines weiteren Donners fuhr den beiden bis in die Knochen. Kreidebleich stiegen sie aus, nahmen jeder eine vom Wind hin und her gepeitschte Topfpflanze mit und liefen damit ins Haus. Auf dem Weg ins Wohnzimmer kam ihnen Opa Engel entgegen. „Nico, du musst mir mit unseren Terrassenmöbeln helfen, bevor sie weggeweht werden."

Nico nickte. Und Valentina sagte leise zu ihm: „Ich bringe die Pflanzen in den ersten Stock. Vielleicht finde ich Fabian oben."

Bald kam Valentina mit triefenden Haaren auf der Terrasse der Engels an. Mit weinerlicher Stimme fragte sie: „Ist er bei euch?" Nico schüttelte den Kopf und schluckte. Opa Engel stellte die Gartensessel in die Garage. Dann sammelte Nico die Sitzpölster und das Tischtuch vom Rasen auf. Valentina stand immer noch ratlos herum. Plötzlich erhellte ein Blitz die ganze Umgebung. Sekunden später donnerte es.

„Ich hasse Gewitter", jammerte Valentina und klapperte mit den Zähnen. Sie flüchtete unter den zusammengelegten Gartentisch, der schief an der Hausmauer lehnte.

„Aua, mein Kopf", heulte Fabian.

„Fabian!", rief sie. „Da bist du ja! Wir suchen dich schon die ganze Zeit. Warum bist du denn nicht im Auto geblieben?"

„Es war so laut. Ich wollte heim. Aber die Haustür war zugesperrt. Da hab ich mich hier versteckt und auf dich gewartet."

„Das ist aber nicht unsere Terrasse. Wir wohnen da drüben."

Fabian begann zu weinen. Valentina drückte ihren Bruder fest an sich und streichelte seine feuchten, blonden Wuschel-

[Handschriftliche Notiz am Rand:] Fabian wurde auf der Terrasse der Engels gefunden von Valentina

13

haare. „Alles gut. Komm, wir gehen zu Mama", beruhigte sie ihn und zog ihn unter dem Tisch hervor.

„Da ist er ja, der kleine Ausreißer", stellte Nico fest. Er klopfte Valentina auf die Schulter und lächelte.

„Nicht Ausreißer. Fabian", stellte Valentinas Bruder richtig. Valentina grinste. Jetzt kamen auch ihre Eltern herbeigelaufen. „Ab nach Hause", bestimmte Mama. Und wieder ein Blitz. Sogar das Zischen war zu hören. Der Donner folgte prompt.

„Wollt ihr nicht endlich alle hereinkommen?", schlug Opa Engel vor. „Am besten, ihr bleibt hier, werdet erst mal trocken und ich koche uns etwas Feines."

„Gern", sagte Mama. „Der LKW ist verschlossen und die übrigen Sachen räumen wir aus, wenn der Weltuntergang vorbei ist. Dein Bruder wird ja wohl heute auch nicht mehr kommen", sagte sie und zwinkerte Clemens zu.

Kaum saßen alle in Badetüchern gewickelt im Wohnzimmer, wurde die Eingangstür aufgerissen. Eine Frau im Businessoutfit rettete sich mit ihrem kaputten Regenschirm und einer Laptoptasche ins Vorzimmer.

„So ein Mistwetter!", schimpfte sie. „Es hätte durchaus noch eine halbe Stunde warten können, bevor es dermaßen zu schütten anfängt."

„Meine Mutter", sagte Nico.

„Oh, wir haben Besuch", bemerkte Nora Engel, sah in die Runde und lächelte in Valentinas Handykamera.

14

„Komm, setz dich", meinte Opa Engel. „Du bekommst auch gleich einen heißen Tee."

Nachdem sich alle bekannt gemacht hatten, berichtete Nora von ihrer erfolgreichen Sitzung in der Bank und dass sie deshalb ein paar Tage auf Dienstreise fahren musste. „Aber zum Wochenende bin ich wieder da", sagte sie. „Vielleicht ist dann ja besseres Wetter."

Valentina gähnte. Papa und Fabian hatten auch schon ganz kleine Augen. Das war für Mama das Aufbruchssignal. Sie schüttelte Opa Engel die Hand. „Vielen Dank für die Gastfreundschaft und Ihre Hilfe. Die Badetücher bekommen Sie morgen zurück. Gute Nacht."

Alle hatten sich bekannt gemacht

Alle müde

Nicos Mutter Nora muss nach erfolgreichem Banktermin weiter auf Dienstreise

Betreten verboten

Am nächsten Tag strömte angenehm kühle Luft in Valentinas neues Zimmer. Irgendwann in der Nacht hatte sie das Fenster gekippt. Jetzt drehte sie sich noch einmal im Bett um. „Egal, wie spät es ist", dachte sie, „es ist viel zu früh zum Aufstehen." Als draußen die Autotüren laut zuschlugen und ein paar Stimmen zu ihr drangen, war es mit dem Schlafen endgültig vorbei. Valentina seufzte. Dann warf sie die Decke zurück und stand auf. Sie sah zum Fenster hinaus auf die Straße. Papa versperrte gerade den LKW. Es standen keine Möbel mehr in der Gegend herum. Im Pyjama lief Valentina die Treppe hinunter. Fabian saß beim Küchentisch und aß ein Marmeladebrot. Mama lehnte am Abwaschbecken und trank ihren frisch gepressten Orangensaft in einem Zug aus. „Na, ausgeschlafen?", fragte sie dann.

Valentina nickte und griff nach einem Müsliriegel. „Fertig?"

„Fertig", bestätigte Mama. „Alles ausgeladen und zumindest im richtigen Zimmer abgestellt. Jetzt brauche ich eine Pause. Und was ist dein Plan nach dem Frühstück?"

„Ich frage Nico, ob er mir die Umgebung zeigt."

„Gute Idee. Wo immer ihr hingeht, dein Bruder kommt mit", und weg war sie. Fabian grinste.

„Klar", brummte Valentina, setzte sich und schenkte sich auch ein Glas Saft ein.

Eine halbe Stunde später stand sie vor Nicos Gartentür. An der einen Hand Fabian, in der anderen das Handy. „Läute mal, Fabian", sagte sie. Fabian strahlte und nahm den Finger erst von der Klingel, als Nico zur Eingangstür herausstürmte.

„Ist ja schon gut", rief Nico, „was gibt's denn so Dringendes?"

„Hast du Zeit? Kannst du mich, also uns, ein bisschen herumführen? Ich will alles und jeden ganz genau kennenlernen."

„Ja, dann kommt erst mal rein."

„Danke!", rief Valentina und schaltete die Videokamera ihres Handys ein. „Ich darf doch. Für meinen Blog."

„Sicher. Ich will nur Opa Bescheid geben."

„Voll. Ich werde ihn gleich interviewen."

Lieblings-'Wort' Voll!

Die drei fanden Opa Engel im Badezimmer. Er putzte sich gerade die Zähne.

„Das ist mein Opa, liebe Leute", sagte Nico in die Kamera. „Er wohnt hier mit meiner Mama und mir. Er kümmert sich um den Haushalt und um mich, wenn sie in der Bank arbeitet, was sie fast immer tut."

Nico wohnt mit seiner Mutter bei Opa Engel

„Opa Engel", begann Valentina, „bitte geben Sie einen Kommentar für meine Follower ab. Wohnen Sie gerne in dieser Siedlung?"

Opa Engel spülte gerade seinen Mund aus. „Mhm", meinte er und nickte. Dann spuckte er das Zahnpasta-Wasser-Gemisch ins Waschbecken und widmete sich wieder seiner Mundhygiene.

„Danke, Herr Opa. Liebe Follower, wie ihr seht, verschlägt es ihm vor lauter Glück, hier wohnen zu dürfen, sogar die Sprache", tönte Valentina und filmte sich dabei selbst.

Nico grinste. „Wir sind dann draußen, Opa. Sagst du Mama Bescheid?"

Opa hob die Zahnbürste zur Bestätigung und nickte wieder.

„Der ist voll nett, dein Opa", sagte Valentina.

„Jap. Das ist er", bestätigte Nico.

„Und dein Papa?", wollte Valentina wissen, nachdem sie die Kamera abgedreht hatte. „Arbeitet der auch so viel wie deine Mama?"

Nico schluckte. Dann sagte er: „Weiß nicht. Er lebt jetzt irgendwo in Australien. Aber wir kommen auch ganz gut ohne ihn klar."

„Verstehe."

Nach einem schnellen Rundgang durch das Haus der Engels standen die drei wieder im Garten.

„Wohin?", wollte Valentina wissen.

„Links rum. Einmal quer durch die Siedlung, oder?"

„Ich will zum Spielplatz", raunzte Fabian und zog seine

Schwester in die andere Richtung. „Es gibt doch einen Spielplatz hier, oder?"

„Haben wir", bestätigte Nico mit einem Blick zu Valentina.

„Später", sagte sie.

Fabian protestierte stumm mit einer beleidigten Grimasse. Die wurde natürlich auch gefilmt.

„Hier wohnt Frau Angerer", sagte Nico ein paar Häuser weiter. „Die ist nett. Sie verschenkt manchmal Obst an die Kinder, die vorbeigehen. Und da vorne wohnt Familie Gruber. Frau Gruber hat erst vor kurzem ein Baby bekommen. Der Kleine schreit manchmal so laut, dass ich ihn bis zu uns höre", bemerkte Nico und blieb stehen.

„Gehört das auch noch zur Siedlung?", fragte Valentina und deutete auf die große Wiese.

„Ja, klar. Kommt mit. Wir haben hier einen Rodelhügel, zwei Fußballtore und eine Sandkiste."

„Verstehe", meinte Valentina.

Fabian gähnte.

„Vielleicht gefällt euch ja das Naturschutzgebiet besser. Wir sind nicht weit davon entfernt. Unsere Siedlung trennt nur die Straße und ein Acker vom Waldrand. Einen Bach und einen kleinen Teich gibt es dort auch. Manchmal trauen sich Häschen bis zur Straße. Eine Wolfsfamilie habe ich hier auch schon gesehen."

„Wirklich? Ich interessiere mich sehr für Tiere. Ich möchte nämlich Tierärztin werden. So wie meine Eltern", sagte Valentina.

„Sehr cool", meinte Nico.

Valentina lächelte. „Bringst du uns dorthin? Das will ich sehen", beschloss sie.

„Und ich will zur Schaukel", motzte Fabian. Seine Schwester nahm ihn mit beiden Armen hoch und trug ihn ein paar Schritte. Da nützte auch sein Zappeln nichts.

„Später", sagte sie und stellte Fabian wieder ins Gras.

„Zum Teich müssen wir hier herum", erklärte Nico. „Am besten gehen wir wieder zurück und am anderen Ende der Siedlung über die Straße."

Gesagt, getan. Nach einigen Minuten überquerten sie die Straße in Richtung Wald. Der Ackerboden war noch vom Regen feucht, was die Schuhe etwas übelnahmen. Doch schon nach wenigen Metern erreichten sie einen Schotterweg. Den Eingang zum Waldgebiet bildete eine kleine Holzbrücke über den Bach. Dieser führte nach dem Unwetter etwas mehr Wasser als sonst. Viele Blätter schwammen darin. Schnell reinigten die Kinder ihre Schuhe im Wasser oberflächlich von den Erdklumpen.

BETRETEN VERBOTEN!

„Warte mal, Nico", rief Valentina. „Wieso kann man hier nicht durch? Wo geht es denn da hin? Schau, ist da nicht ein Weg durch Äste versperrt? Könnte doch sein, dass dort drinnen jemand Hilfe braucht", malte sich Valentina aus und richtete die Kamera auf ein großes Betreten-verboten-Schild.

„Tu das Handy lieber weg. Filmen ist hier sicher auch verboten", sagte Nico und sah sich um. „Kommt weiter, ich möchte euch den Teich zeigen, von dem ich erzählt habe. Der ist urschön und darin kann man auch baden", lockte Nico.

„Dort hinten ist ein Haus. Wohnt da jemand?" Valentina ließ nicht locker.

Nico seufzte. „Ich glaube nicht. Opa hat sich das damals angeschaut, als es zum Verkauf stand. Aber er hat gesagt, dass es sehr baufällig wäre. Und der Zufahrtsweg auf der anderen Seite müsste auch frisch gemacht werden. Es wäre wohl am besten, das Haus abzureißen und neu zu bauen. Wollt ihr jetzt noch zum Teich?"

„Und dann zum Spielplatz!", rief Fabian.

„Voll. Dann zum Spielplatz, Brüderchen."

Nächtlicher Ausflug

Beim Teich angekommen, bemerkten sie, dass das Wasser ziemlich schlammig und vom Sturm aufgewühlt war. Außerdem trieb eine Menge Strauchwerk auf der Oberfläche. Valentina machte einen abschließenden Kameraschwenk über den Teich und steckte ihr Handy in die Hosentasche. „Gehen wir", sagte sie. „Sehr aufregend ist das hier ja nicht."

„Dann gehen wir jetzt zum Spielplatz in unserer Siedlung. Rutsche oder Klettergerüst?", fragte Nico und sah Fabian an. Der Kleine griff nach Nicos Hand und strahlte. Den ganzen Weg zurück hüpfte er an Nicos Seite. Auf den letzten Metern vor dem Spielplatz riss er sich los. Er stürmte auf die Schaukel zu und besetzte sie mit Triumph. So, als würde er nie wieder heruntersteigen wollen.

„Fabian wäre erst mal versorgt", sagte Valentina und setzte sich mit Nico auf eine Bank. So hatte sie ihren Bruder stets gut im Blick. Sie kramte nach ihrem Handy und sah sich im Schnelldurchlauf das letzte Video an. „Gibt es hier sonst noch was Interessantes? Vielleicht versteckte Plätze, geheimnisvolle Orte oder gruselige Welten, die nie ein Mensch zuvor gesehen hat?" Valentina sah Nico mit großen Augen an. „Ir-gend-was?"

„Na ja", begann Nico und machte eine Pause.

„Was, na ja?"

„Na ja, wir haben hier schon etwas ganz Besonderes für alle, die darauf stehen."

„Jetzt mach es nicht so spannend", sagte Valentina.

Nico grinste. „Fledermäuse. Jetzt im Sommer hängen sie in dem alten Gemäuer nahe dem verbotenen Grundstück herum."

„Echt jetzt? Fledermäuse?", rief Valentina und packte Nico an den Schultern. „Die musst du mir zeigen. Wann gehen wir dorthin? Heute? Morgen? Voll, Nico. Meine Follower werden das lieben. Da bin ich mir ganz sicher."

„Okay, okay", antwortete Nico. „Am besten heute Abend in der Dämmerung", sagte er. „Meine Mutter fährt am Nach-mittag auf Dienstreise. Danach ist es einfacher, wegzukom-men. Ohne Fabian, versteht sich."

„Voll. Klar. Um die Zeit ist er längst im Bettchen."

Valentinas Handy läutete. „Hallo, Mama … wir sind am Spielplatz … okay. Dann bis gleich", sagte sie. „Es gibt

Lieferpizza", erklärte sie Nico und stand auf. Valentina holte ihren Bruder mit „Essen ist fertig!" von der heißgeliebten Schaukel. Gemeinsam machten sich die drei auf den Heimweg. Vor der Gartentür flüsterte Valentina Nico zu: „Es bleibt doch dabei? Fleee-derrr-mäu-seee?"

„Sicher. Ich gebe dir Bescheid."

Am späten Nachmittag war Nicos Mama abreisebereit. Valentina beobachtete vom Gartenzaun aus, wie sie einen silbernen Trolley in den Kofferraum ihres kleinen Cabrios packte und zum fünften Mal den Inhalt ihrer Handtasche kontrollierte.

„Fahr vorsichtig und ruf an, wenn du dort bist, Nora", hörte Valentina Opa Engel sagen.

„Jawohl, Herr Engel. Selbstverständlich, Herr Engel. Wird gemacht, Herr Engel. Das tu ich doch immer", antwortete Nora und umarmte ihren Vater zum Abschied. „Komm her, mein Großer!", rief sie dann und drückte Nico fest an sich. „Ich bringe dir auch etwas mit. Pass mir in der Zwischenzeit gut auf den Opa auf. Und streitet nicht, solange ich weg bin."

„Niemals. Opa wird sicher brav sein. Das mache ich schon", sagte Nico und grinste. Nora Engel winkte auch noch zu Valentina herüber. Dann stieg sie in ihr Auto und fuhr los.

Um 20.55 Uhr piepste Valentinas Handy. „Jetzt", stand in der WhatsApp-Nachricht von Nico.

„Bin nebenan", sagte sie zu ihren Eltern.

„Aber quatscht nicht zu lange", gab ihr Mama mit auf den Weg.

„Sind ja Ferien. Bis später!", rief Valentina, streifte die Jeansjacke über und warf die Tür hinter sich zu. Dass sie im Vorfeld zum aufgeladenen Handy auch Papas Spot-Taschenlampe eingesteckt hatte, musste ja keiner wissen.

Nico wartete bereits vor Valentinas Haus. „Alles gut gegangen?", fragte er seine neue Nachbarin.

„Voll. Ich hab gesagt, ich bin bei dir", antwortete Valentina.

„Genau das hab ich auch gesagt", gab Nico zurück und schmunzelte. „Na, dann los. Sonnenuntergang ist nach 20.00 Uhr und um 22.00 Uhr ist es ganz finster."

„Ich weiß, Nico. Die kleinen Insektenfresser kann man am besten genau jetzt in der Dämmerung beobachten. Ich kenne mich auch ein bisschen aus."

Straße, Acker, Holzbrücke, Waldrand bis zum Teich in 20 Minuten. Das war neuer Rekord, stellte Nico fest. Unterdessen setzte die Dämmerung ein. Nico führte Valentina am Teich vorbei. Auf einmal blieb er stehen und legte den Finger auf die Lippen. Er deutete zu einer Baumgruppe am Wasser. Der Mond spiegelte sich auf der Oberfläche. So war es hell genug, dass sie die Fledermäuse lautlos durch die Luft huschen sahen. Valentina strahlte. Nicht einmal die Gelsen störten sie beim Filmen.

„Das ist so cool", hauchte sie. „Noch nie habe ich die Tierchen in natura erlebt. Und so viele auf einmal. Genial! Danke, danke, danke, Nico."

„Hab mir gedacht, dass dir das hier gefällt", wisperte Nico und lächelte.

„Da hast du gut gedacht. Eine saftige Wiese, der Teich, das alte Gemäuer da vorne ... ein richtiges Fledermausparadies."

„Ja, und massig viele Gelsen! Hab ich dich!", zischte Nico und klatschte sich mit der flachen Hand auf den Oberarm. Valentina grinste. Plötzlich schreckten die Fledermäuse auf.

„Was ist denn jetzt los?", flüsterte Valentina. Sie folgte einigen Tieren mit der Kamera. „Ein Zaun!", bemerkte sie.

„Ja. Das ist hier die Rückseite des Betreten-verboten-Grundstücks."

„Verstehe."

In diesem Moment leuchteten ihnen von dort zwei riesige Scheinwerfer entgegen, bevor der Wagen einen Schlenker nach rechts machte. Der Motor heulte laut auf, danach wurde der Truck geparkt.

„Die schon wieder. In Deckung!", zischte Nico.

„Wer ist das?", wollte Valentina wissen und versteckte sich im Gebüsch.

„Keine Ahnung. Aber diese Leute kommen öfter in der Nacht hierher. Das Motorengeräusch ist unverkennbar. Wenn die bei meinem Fenster vorbeifahren, erkenne ich sie sofort wieder. Hör mal hin, findest du nicht, dass es fast wie ein Traktor, der gleich explodiert, klingt?", fragte Nico.

„Ähh. Wie auch immer. Die Idioten könnten den Motor ruhig abstellen. Die Fledermäuse sind denen scheinbar egal." Valentina schüttelte den Kopf und sah vorsichtig hinter dem

Strauch hervor. Schweigend beobachteten sie, wie zwei Leute ausstiegen. Der Fahrer warf die Autotür hinter sich zu, der Beifahrer ließ seine Tür offen. Dadurch war das Dröhnen der Radiomusik bis zu den beiden zu hören. Die Männer holten ein paar Kisten aus dem Wagen. Sie nahmen kleinere Gegenstände heraus, um sie auf einem Mauervorsprung – genau im Scheinwerferlicht – aufzustellen.

„Wusste ich's doch", ahnte Nico.

„Die werden jetzt nicht …", hauchte Valentina.

Peng! Peng. Peng, Peng, Peng.

„Hilfe! Sind die denn verrückt?", stieß sie mit zitternder Stimme hervor, ließ das Handy fallen und drückte sich sofort wieder an den Strauch. Nico warf sich neben sie und schnaufte.

„Ich rufe die Polizei an", flüsterte Valentina und tastete nach ihrem Handy.

„Nein. Die machen das öfter. Auch das höre ich manchmal, wenn die Windrichtung stimmt. Wir hauen einfach ab."

„Aber …"

„Nix aber. Mit denen legen wir uns besser nicht an. Ich will nicht als Zielscheibe für die irren Schießübungen herhalten."

Alles auf Video

Nach dem ersten Schrecken dachte Valentina aber sofort wieder an ihren Blog. Sie zückte ihr Handy und nahm auf. „Spinnst du? Kannst du diese Filmerei nicht mal lassen?", fragte Nico. „Die müssen nicht auch noch auf uns aufmerksam werden. Außerdem würdest du viel mehr mitkriegen, wenn du nicht andauernd auf das Display starrst. Siehst du dir das nachher auch mal an?"

„Voll", entgegnete Valentina. „Ich muss das Material ja auch noch bearbeiten und schneiden. Und dann entscheide ich, was ich in meinen Blog stelle. Das ist so wie ein Tagebuch. Da kommt alles rein, was wichtig ist. Der Umzug, die Umgebung, du, dein Opa, die Fledermäuse natürlich und die Idioten hier. Stell dir vor, alle, die das lesen, können auf ‚Gefällt mir' klicken oder einen Kommentar abgeben. Das ist super. Komm doch morgen zu mir und dann zeig ich dir alles."

„Mal sehen", überlegte Nico. „Ich will jetzt weg hier."

„Ja, gleich. Kurz noch", entgegnete Valentina und nahm zur Abwechslung Nico beim Gähnen auf.

„Das kommt aber nicht in deinen Blog", entschied er.

„Nicht, wenn wir noch ein paar Minuten bleiben", scherzte Valentina und blinzelte Nico unschuldig an.

„Ja, gut. Fünf Minuten. Dann ist Schluss", bestimmte Nico und sah wieder durch den Zaun. Der stärkere der beiden Männer stellte die mitgebrachten Gegenstände in ungleichen Abständen auf die Mauer und zündete sich eine Zigarette an. Die Kinder konnten das Aufblitzen eines Feuerzeugs im Dunkeln sehen.

„Passt!", schrie der andere und zielte. Kaum war der Fülligere ein paar Schritte entfernt, ballerte der andere los. Die Gegenstände bewegten sich nicht. Nur einmal war ein leises blechernes Geräusch zu hören.

„Also entweder kann der Kerl nicht schießen", meinte Nico grinsend, „oder er hat nur Platzpatronen in seiner Flinte."

„Und wenn das so wäre, wozu dann das ganze Theater?"

Nico zuckte mit den Schultern. Währenddessen tauschten die beiden Männer ihre Plätze. Der Dicke warf die Zigarette weg und lud die Waffe. Der große Dünne stellte inzwischen die Gegenstände wieder auf.

„Pass auf, Edi ...", rief der Dicke und lachte. Den Rest konnten die Kinder nicht verstehen. Der Dicke stellte sich in Position. Dann drückte er ab. Jeder Schuss ein Treffer.

„Nicht schlecht", gab Nico zu. „Doch richtige Patronen."

„Wenn man besser verstehen könnte, was sie reden, wüssten wir vielleicht, was diese Schießübungen in der Nacht für einen Sinn haben", überlegte Valentina.

„Ist ja egal. Komm, gehen wir, bevor mein Opa noch einen Suchtrupp zusammenstellt."

„Nein, noch nicht", sagte Valentina und hielt ihr Handy wieder auf die seltsamen Gestalten. „Fertig. Mein Handy hat den Geist aufgegeben. Jetzt können wir gehen."

Mittlerweile war es stockdunkel geworden. Die Kinder schlichen vorsichtshalber geduckt in der Finsternis von ihrem Beobachtungsposten weg. Erst als Valentina sich sicher war, nicht vom Haus aus gesehen zu werden, nahm sie die Taschenlampe aus ihrer Jacke und leuchtete damit den Weg vor ihnen aus. „Doch gut, dass ich sie mit dabeihabe." Eine halbe Stunde später waren sie zuhause. In beiden Häusern brannte Licht. Am Gartenzaun verabredeten sie sich für den nächsten Tag.

„Oh. Halb zwölf. Es ist ganz schön spät geworden", sagte Valentina und sah auf ihre Armbanduhr. „Hoffentlich macht Papa keinen Aufstand."

32

„Du warst ja bei mir, falls deine Eltern grantig sind."

Nico winkte zum Abschied.

Langsam steckte Valentina den Schlüssel ins Schloss und sperrte auf. Dann drückte sie die Schnalle der schweren Eingangstür hinunter und ließ die Tür ebenso langsam aufgehen. Im Vorzimmer war es dunkel und Valentina sperrte leise hinter sich wieder ab. Kaum setzte sie einen Fuß auf die erste Stufe ins Obergeschoß, zuckte sie zusammen.

„Wo kommst du denn jetzt her?", fragte ihr Vater und drehte das Licht auf.

Er stand angelehnt an den Türstock zur Küche.

„Hallo, Papa! Hast du mich erschreckt. Gute Nacht!"

„Stopp. Also?"

„Ich war doch bei Nico. Mama wusste das."

„Und ich war vor einer Stunde drüben. Ich habe nämlich die gewaschenen Badetücher zurückgebracht", sagte er und sah Valentina fragend an.

„Ach", meinte sie und versuchte ein Lächeln. „Wir waren vorne auf der großen Wiese und haben mit deiner Taschen-lampe Grillen beobachtet."

Valentina war sich nicht ganz sicher, ob ihr Vater ihr das geglaubt hatte. Auf jeden Fall sagte er: „Ab sofort bist du spätestens um 22.00 Uhr zuhause. Verstanden?! Du bist erst elf. So lange dürftest du allein gar nicht unterwegs sein."

„Klar!", sagte Valentina und huschte nach oben. Im Bad überlegte sie, ob sie ihm von den Fledermäusen und den Schüssen hätte erzählen sollen. Noch nie hatte sie ihre Eltern angeschwindelt. Noch dazu mit so einer blöden Ausrede. Wir haben Grillen beobachtet – so ein Quatsch. Valentina trocknete sich Gesicht und Hände ab. Sie ging sofort ins Bett, brauchte allerdings lange, um einzuschlafen. Im Traum kämpfte sie gegen Monster, die aus Trucks herauskamen.

Am nächsten Vormittag war sie gerade rechtzeitig in der Küche, als sich ihr Vater von Mama verabschiedete. „Ich habe heute Nachtdienst im Tierspital, Karin", sagte er. „Bin morgen zum Frühstück wieder da." Zu Valentina sagte er: „Tut mir leid, wenn ich dich gestern Abend etwas zu streng angegangen bin. Du kennst dich hier noch nicht aus. Wir machen uns einfach Sorgen, wenn du erst mitten in der Nacht heimkommst."

„Verstehe ich doch, Papa. Mir tut es auch leid. Kommt nicht mehr vor. Versprochen."

Nach dem Mittagessen läutete Nico bei Valentina an. Fabian kam seiner Schwester zuvor und öffnete.

34

„Hallo Fabian", sagte Nico. „Machst du gar kein Mittags-schläfchen?"

Fabian zog die Augenbrauen in die Höhe und schüttelte den Kopf.

„Schön wär's", sagte Valentina. „Den werden wir heute nicht los."

In ihrem Zimmer hatte Valentina schon den Laptop gestartet und ihren Blog aufgedreht. Sie ließ Nico auf ihren Drehsessel und zog sich einen Hocker zum Schreibtisch heran. „Wie war's eigentlich bei dir gestern Abend?"

Nico lächelte: „Mein Opa hat vor dem Fernseher geschlafen, als ich heimkam. Und bei dir?"

„Erzähle ich dir später", sagte Valentina. „Ich zeig' dir was", kündigte sie an und drückte auf den Startknopf.

„Opa, wie er sich die Zähne putzt. Jetzt spuckt er! Das ist mega", amüsierte sich Nico.

„Ich will auch!", rief Fabian.

„Ja, ja. Komm her. Vorher gibst du doch keine Ruhe", sagte Valentina und nahm ihn auf den Schoß. „Alles kann man natürlich nicht auf den Blog stellen. Schau mal, die hier sind leider nichts geworden. Viel zu dunkel. Ich will sie aber trotzdem noch einmal genau anschauen. Vielleicht haben wir etwas Interessantes übersehen."

„Fad", stellte Fabian fest und rutschte auf den Boden. Er holte den Plastik-Polizeihubschrauber und lief damit ein paar Runden in Valentinas Zimmer. Das war den beiden sehr recht. Sie krochen fast in den Bildschirm hinein, um

nur ja nichts zu übersehen. Die Aufnahmen der Fledermäuse
waren super gut. Aber je finsterer es wurde, umso schlechter
wurden die Filme. Bei den Videos mit dem Truck drehte
Valentina den Ton leise. Schließlich sollte Fabian nichts von
der Schießerei mitbekommen. Viel zu sehen war auf den
Bildern sowieso nicht. Nur die Scheinwerfer und ab und zu
ein Schussfeuer. Plötzlich klopfte sie auf die Tastatur und
rief: „Schau genau hin, Nico! Da hinten im Gebüsch
versteckt sich, glaube ich, ein Hund. Der Arme. Er hat trotz
seiner Größe sicher Angst", flüsterte sie und zoomte die
Aufnahme so nah wie möglich heran.
„Kannst du das Video noch heller machen?", fragte Nico mit
starrem Blick auf den Bildschirm.
„Voll. Bitteschön", sagte Valentina.
Nico seufzte und sagte: „Sorry, ich sehe nix. Es ist zu dunkel,
zu verschwommen. Wo soll da ein Hund sein?"
Nicos Handy klingelte. „Schon gut. Ich komme", sagte er
und legte auf. „Tut mir leid, Opa braucht mich. Wir sehen
einander morgen." Und weg war er.

Wilde Gerüchte?

Am nächsten Tag trafen sich die beiden am Gartenzaun.

„Hast du noch was rausgefunden?", wollte Nico wissen.

Valentina schüttelte den Kopf.

„Da kann man nichts machen. Aber, was ich dich gestern schon fragen wollte", interessierte sich Nico, „sag, warum seid ihr gerade hierhergezogen? Nicht falsch verstehen. Ich finde es super, dass ihr da seid. Nur, so eine schicke Arztgegend ist das jetzt auch nicht."

„Auf schick kommt es uns nicht an. Von der Birkengasse ist es einfach viel näher zum Tierspital", erklärte Valentina. „Früher sind meine Eltern mit dem Auto fast eineinhalb Stunden in eine Richtung gefahren. Jetzt sind sie, glaube ich, in 15 Minuten dort. Außerdem ist das Naturschutzgebiet ganz in der Nähe. Ja, und Fabian kommt im September in die Vorschule. Da hat das mit dem Umzug gut gepasst. Ich fange in der zweiten Klasse Gymnasium an."

„Verstehe. Vielleicht sind wir dann im Herbst in derselben Klasse."

„Voll, das wäre perfekt."

In dem Moment kam Opa Engel aus dem Haus und stieg aufs Rad. Bevor er noch richtig wegfahren konnte, blieb Frau Angerer bei ihnen am Gartentor stehen.

„Herr Engel", legte sie gleich los, „gut, dass ich Sie treffe und dass ihr auch da seid. Haben Sie es schon gehört?" Frau Angerer ruderte mit den Armen und sah sehr aufgeregt aus.

Wölfe
im
Wald

„Du liebe Zeit, was ist denn passiert?", wunderte sich Opa, bremste und stellte einen Fuß auf den Weg.

„Stellen Sie sich das vor, in unserem Wald sind Wölfe!", Frau Angerer hob entrüstet ihre Hände.

„Wölfe? Gleich mehrere? Hier bei uns? Nein", versuchte Opa Engel die Dame zu beruhigen. „Bestimmt nicht."

„Doch, Herr Engel. Der Fleischhauer hat mir das erzählt. Und wenn er das sagt, dann stimmt das auch." Frau Angerer zuckte mit den Schultern. Sie schüttelte den Kopf, murmelte etwas vor sich hin und ging grußlos weiter.

Valentina und Nico sahen einander an.

„Ich höre mich gleich mal um", meinte Opa. „Ihr bleibt auf jeden Fall hier im Garten. Und habt einen Blick auf Fabian. Nur zur Sicherheit, falls es hier in der Umgebung doch Wölfe geben sollte. Ich fahre jetzt einkaufen, sonst gibt es heute kein Mittagessen. Dabei habe ich für heute Gulasch mit Semmelknödeln geplant. Das essen wir gemeinsam auf unserer Terrasse. Einverstanden?" Und wie sie alle einverstanden waren.

„Komm mit zum Kirschbaum", rief Valentina.

„Ich mag keine Kirschen", jammerte Nico.

„Du musst auch keine essen. Dort, neben dem Holzschuppen, ist mein Nachdenkplatz."

„Ach so. Dann ist es ja gut."

Er folgte seiner neuen Nachbarin in den hinteren Garten und zog sich den Plastik-Gartensessel heran. Valentina setzte sich auf die Schaukel am Kirschbaum. Doch im nächsten Moment glitt sie wieder herunter und huschte mit „Moment!" in ihr Zimmer, um den Laptop zu holen. „Schauen wir doch mal im Internet, was wir über die Wölfe finden können." Sie stellte den Laptop auf einen zweiten Gartensessel, kniete sich davor und schaltete ein. Rasch wurde Valentina fündig. Schweigend und mit großen Augen las sie die Onlineberichte der verschiedenen e-Paper von gestern.

„Was ist?", wollte Nico wissen.

„Es stimmt. Die Wölfe sind da", antwortete Valentina. Ohne aufzusehen, las sie laut vor: „Der Wolf ist zurück und mancherorts herrschen Angst und Verunsicherung. Rund 20 Tiere streifen derzeit durch Österreich. Laut WWF besteht ein Wolfsrudel in Mitteleuropa im Durchschnitt aus 4–6 Tieren. Eines davon riss in der Nacht auf Samstag auf einer drei Hektar großen Wiese – in der Nähe eines abgelegenen

Bauernhofes – einige Jungtiere. Laut dem Landwirt sind die Schafe ‚stark verängstigt‘ – er könne sie nicht mehr auf die Weide bringen."

Valentina las direkt den nächsten Artikel: „Der Wolf geht um: Drei Schafe tot, Lämmer verschwunden. Am Wochenende sind in der Nähe der Stadt gleich mehrere Schafe gerissen worden. Zwei Tiere mussten aufgrund schwerer Bissverletzungen notgeschlachtet werden. Experten gehen derzeit davon aus, dass ein Wolf dafür verantwortlich ist. Eine DNA-Analyse soll Klarheit bringen." Valentina klappte den Laptop zu. „Na, bravo", sagte sie und schluckte.

Eine Weile saßen die beiden schweigend beieinander. Der sanfte Sommerwind spielte mit Valentinas Haaren und dann wieder mit den Blättern des Baums.

„Was denkst du, Valentina? Bis zu unserer Siedlung kommen die nicht, oder?"

„Na ja. Ich bin zwar keine Wolfsexpertin, aber was ich von meinen Eltern weiß, gibt es durchaus Siedlungen, in denen Menschen und Wölfe Seite an Seite leben."

„Was?!" Nico sah sich sofort um.

„Hey, bleib cool. Du brauchst keine Angst vor Wölfen zu haben. Die tun nichts."

„Ja genau. Das hast du mir auch gerade aus der Zeitung vorgelesen", brummte er und schüttelte den Kopf.

„Wirklich. Wenn du einem Wolf begegnest, bleib einfach ruhig stehen. Er wird dich anschauen und dann verdrückt er sich. Ich habe das schon einmal mit meinem Vater erlebt."

Nico verdrehte die Augen.

Da klingelte auch schon Opas Fahrradglocke. Nico lief ihm entgegen. „Und?", drängte er. Dabei nahm er Opa Engel die schweren Einkaufstaschen ab.

„Frau Angerer hatte recht", erzählte Opa. „Ich habe meinen Freund Eduard, den Sekretär des Bürgermeisters, auf der Straße getroffen. Er hat mir alles bestätigt. Heute gibt es noch eine Sitzung im Amtshaus. Auf gar keinen Fall dürft ihr jetzt allein in den Wald gehen! Das müsst ihr mir versprechen. Kleine Kinder, die davonlaufen, sind einfach zu gefährdet. Ich muss das natürlich auch noch deinen Eltern sagen."

„Was wollen Sie uns sagen, Herr Engel?", fragte Mama, die plötzlich hinter Opa stand und Fabian an der Hand führte.

„Ich habe gerade …", begann Opa.

Mamas Handy klingelte. „Entschuldigung. Ja, bitte? … Verstehe … Ich komme sofort", sprach sie ins Telefon und Opa Engel erklärte sie: „Das war das Tierspital. Ich habe leider überhaupt keine Zeit. Ein Schaf wurde angefallen. Vielleicht kann ich es noch retten. Wir plaudern ein anderes Mal. Ich darf doch Fabian bei Ihnen lassen? Sie sind ein Engel, Herr Engel."

Opa klappte seinen Mund wieder zu und nickte. Valentina und Nico verstummten. Opa nahm Fabian mit in die Küche.

„Voll, Nico. Ich hab's. Die Wölfe sind doch ein super Thema für meinen Blog. Ab sofort ist das ein Tierschutzblog. Erst die Fledermäuse, dann die Wölfe. Gut, was?"

„Besser als dieser Mädchenkram", grinste Nico.

„Sehr witzig. Auf jeden Fall sollten wir uns um die Wölfe kümmern. Beweise sammeln, dass sie wirklich bei uns herumstreunen, verstehst du?"

„Hä? Was für Beweise? Hast du vergessen, was mein Opa vorhin gesagt hat? Keine Alleingänge in den Wald und die Umgebung. Außerdem: Ich mache nicht nochmal so eine Tour in der Nacht. Die Gelsen beim Teich bringen mich um. Ich bin ja keine Fledermaus."

42

Valentina grinste. „Bei Tag sind vielleicht weniger Gelsen dort."

„Genau", Nico lächelte säuerlich und schüttelte den Kopf.

„Ich habe Papa versprochen, nicht mehr so lange auszubleiben. Was hältst du davon, wenn wir unsere Suche als Schwimmausflug zum Teich tarnen und einmal rund um dieses verbotene Grundstück spazieren. Ich möchte doch nur die Gegend hier kennenlernen." Valentina klimperte mit den Augenlidern. „Du brauchst auch keine Angst vor dem bösen Wolf zu haben – ich bin ja bei dir."

„Puhhh", schnaufte Nico.

„Fabian können wir da nicht mitnehmen. Mein Brüderlein kann noch nicht schwimmen. Das wäre ein guter Grund, ihn bei deinem Opa zu lassen."

Als Opa Engel sie eine Stunde später zum Gulasch rief, merkten sie erst, wie hungrig sie eigentlich waren.

Beweise gesucht

„Mag nicht mehr", stöhnte Fabian und schob seinen Teller von sich weg.

„Dann nehme ich deinen halben Knödel", entschied Valentina und spießte diesen gleich auf ihre Gabel. „Urgut", mampfte sie.

„Freut mich, nimm dir noch", sagte Opa Engel.

Valentina schüttelte den Kopf. „Jetzt ist es genug."

„Du, Opa?", fragte Nico und bemühte sich um einen beiläufigen Ton.

„Noch ein Gulasch?"

„Nein. Aber weißt du vielleicht, was da jetzt mit diesem eingezäunten Grundstück ist? Du wolltest das doch einmal kaufen, oder?", fragte Nico und putzte den Teller mit dem letzten Stück Knödel sauber, ohne seinen Opa anzusehen.

„Wie kommst du denn jetzt darauf? Das ist schon lange her. Bin froh, dass ich das damals nicht gemacht habe! Das Haus war früher schon verfallen. Ich glaube, dort wohnt jetzt auch niemand", sagte er.

„Aha", gab sich Nico zufrieden.

„Kann ich jetzt abservieren oder esst ihr noch was?", fragte Opa.

„Nein, danke", antwortete Valentina, stand auf und half gemeinsam mit Nico den Tisch abzuräumen. Opa Engel ersparte den beiden den weiteren Küchendienst. Valentina zog Nico deshalb sofort hinüber in ihren Garten. Fabian lief hinterdrein. Unter dem Kirschbaum war es jetzt richtig angenehm. Die Baumkrone warf genug Schatten, dass man darunter sitzen konnte, ohne einen Sonnenbrand zu bekommen. Ganz leicht ging der Wind und ließ die Blätter leise rauschen. Fabian brachte Nico ein gepflücktes Gänseblümchen.

„Das ist aber lieb von dir", meinte Nico und roch an der Blüte. Fabian strahlte.

„Magst du nicht noch ein paar Blumen für Mama pflücken?", regte Valentina an.

„Au ja", rief der Kleine und drehte sofort um.

Valentina nahm wieder den Laptop zur Hand und berichtete: „Schau dir das mal an. Seit ich das mit den Fledermäusen gepostet hab, kriege ich immer mehr Klicks. Uuund ..."

„Was und?", fragte Nico vorsichtig.

„Ich habe eine Superidee, damit kriege ich richtig viele Klicks", eröffnete Valentina ganz nah an Nicos Ohr. „Wir suchen nicht nur nach Beweisen, wir filmen alle dämmerungs- und nachtaktiven Tiere. Wenn wir Glück haben, läuft uns auch eine Wolfsfamilie mit ein paar süßen kleinen Wölfchen vor die Linse. Dann sehen meine Follower, was für ein schönes Tier der Wolf ist und dass man keine Angst vor ihm haben muss." Valentina strahlte über das ganze Gesicht.

„Du spinnst wohl." Nico verdrehte die Augen, dann fügte er hinzu: „Du bist echt verrückt. Ist dir zu heiß geworden? Die Tiere sind viel zu ..."

„Welche Tiere?", fragte Fabian und hielt ihm ein buntes Büschel Wiesenblumen vor die Nase.

„Im Fernsehen", antwortete Valentina. „So ein schöner Blumenstrauß für die Mama. Komm, wir suchen gleich eine kleine Vase. Die stellen wir dann auf den Tisch auf der Terrasse."

Nico seufzte und Valentina ging mit ihrem Bruder zum Holzschuppen. Dort fand sie ein leeres Einmachglas, das sich hervorragend als Vase eignete. Sie füllte seine kleine Gießkanne mit Wasser, jetzt konnte ihr Bruder selbst das Glas befüllen und die Blumen einwässern. Als sie zum Kirschbaum zurückkam, saß Nico immer noch regungslos an seinem Stamm.

„Einverstanden", erklärte er plötzlich und hob den Kopf. „Ich mache mit. Aber, wenn es ungemütlich wird, verschwinden wir. Sofort."

„Voll. Versprochen", sagte Valentina zu. „Hand drauf."

Am späten Nachmittag kamen die Wolfs-Nachrichten im Radio. Der Sprecher kündigte eine Pressekonferenz der Lokalpolitiker für die nächsten Tage an. Die Bewohner des Stadtrandes und der umliegenden Gebiete sollten bis auf

Weiteres den Wald in der Dämmerung und in der Nacht meiden.

„Nichts als Panikmache", rief Valentina und drehte das Radio auf ihrem Handy ab.

„Was würdest denn du als Verantwortliche machen?", fragte Nico. „Man muss die Leute doch warnen!"

„Warnen, okay. Aber nicht so viel Angst machen. Die Bauern sollen ihre Weidetiere in den Stall einsperren und alles ist gut."

„Ich weiß nicht. Das stellst du dir ein bisschen zu einfach vor." Valentina zuckte mit den Schultern. „Wir sollten unsere nächste Expedition planen. Heute wäre ein guter Tag. Meine Eltern sind beide im Tierspital. Und bis es dunkel ist, sind wir zurück."

„Meinetwegen", seufzte Nico. „Dann haben wir das wenigstens erledigt. „Und was ist mit deinem Bruder?"

„Lass mich nur machen."

Gegen Abend, langsam zogen Wolken auf, kam Valentina mit der Alibi-Badetasche und rief: „Faa-bi-aan! Du darfst zu Opa Engel hinübergehen. Komm, er freut sich schon auf dich."

„Hast du gesehen, wie viele Blumen in seiner Wiese sind? Die kannst du alle gießen. Hm?", lockte ihn seine Schwester. Nico zog die Mundwinkel nach oben.

Die Kinder fanden Opa Engel beim Kreuzworträtselauflösen beim Küchentisch. Nico flüsterte ihm ins Ohr, dass sie

Fabian kurz bei ihm lassen würden, weil sie noch eine Runde im Teich schwimmen wollten.

„Gar kein Problem, aber haltet die Augen offen und geht nicht in den Wald", erwiderte er leise. Und zu Fabian: „Wir zwei Männer gehen zuerst auf die große Wiese Fußball spielen und dann Blumen gießen, einverstanden? Mal sehen, ob ich dir ein Tor schießen kann. Hast du meinen tollen Ball schon gesehen?" Opa führte Fabian aus der Küche hinaus. Hinter dem Rücken deutete Opa Engel den beiden Großen, zu gehen.

Eine Viertelstunde später standen sie vor dem rostigen, überwachsenen Gitterzaun, der das verbotene Grundstück umschloss. Die zwei Meter hohe Zauntür hing links nur am oberen Scharnier fest. Rechts war sie mit einem Riegel befestigt. Alles war ruhig. Es schien niemand hier zu sein. Valentina filmte durch den Maschenzaun. Erst das Haus, dann das Grundstück, so weit sie eben sehen konnte. „Da drüben liegen ein paar Dosen und kleine Holzpflöcke. Wahrscheinlich die Ziele von gestern", überlegte Valentina halblaut. Plötzlich hatte sie das Gefühl, dass sich der Vorhang hinter einem Fenster leicht bewegte. „Komm, wir gehen auf die andere Seite", flüsterte sie Nico zu. „Vielleicht sind die Fledermäuse ja schon da."

„Ein gruseliger Platz", gestand Nico und ging bereitwillig mit. Auf der Teichseite versteckten sie sich bei einer Trauerweide. Sie hatten Glück. Vereinzelt flatterten

Fledermäuse durch die Luft und sogar ein Fuchs lief in der Nähe vorbei. Plötzlich zupfte Valentina ihren Begleiter am T-Shirt.

„Da!", flüsterte sie.

„Wo?"

„Du schaust immer in die verkehrte Richtung, Nico. Da war ein Schatten. Vielleicht von einem Wolf."

Nico stand sofort auf. „Wir gehen jetzt", bestimmte er in einem Ton, der keine Widerrede zuließ.

Als die beiden nach Hause kamen, war es zwar schon fast dunkel, doch Fabian und Opa Engel spielten immer noch Fußball.

„Wolltet ihr nicht auf die große Wiese?", fragte Nico.

„Waren wir ja auch", antwortete Opa. „Aber leider hatten wir die Wiese nicht für uns allein."

„Tooor!", rief Fabian und klatschte, als der Ball in den Paradeisstauden landete.

„Du Schlingel, du!", schimpfte Opa mit einem Augenzwinkern und holte den Ball mit einem Griff wieder heraus. „Bei euch alles gut?"

„Sicher", gab Valentina an. „Meine Mama ist noch nicht da, oder?"

„Nein. Sie hat angerufen. Sie haben gerade noch einen Notfall reinbekommen. Ein Kälbchen wurde mit schweren Bisswunden eingeliefert. Es wird wohl später werden. Wenn ihr wollt, könnt ihr beide heute hier schlafen."

„Cool", jubelte Nico. „Ich richte schon mal alles her."

„Ich helfe dir", teilte Valentina mit. „Nachher schauen wir gleich das Video an."

Nachdem sie die Betten überzogen hatten, bereiteten sich Nico und Valentina ein paar Wurstbrote zu. Die nahmen sie dann mit in Nicos Zimmer.

„Ja, irgendetwas huscht da hinten vorbei", gab er mit vollem Mund zu und deutete auf den Bildschirm. „Aber, ob das ein Wolf war, kann ich wirklich nicht erkennen."

Das Interview

Am nächsten Morgen gingen Valentina und Fabian wieder nach Hause. Sie trafen ihre Eltern in der Küche am Frühstückstisch.

„Hallo", grüßte Valentina. „Ihr seht ja sehr müde aus."

„Euch auch einen guten Morgen", erwiderte Papa und trank seinen schwarzen Kaffee aus. „Wir sind auch erst vor einer halben Stunde heimgekommen. War eine lange Nacht."

Mama schluckte gerade den letzten Bissen Brot hinunter und deutete mit der Hand auf die beiden leeren Plätze am Tisch. Die Kinder schüttelten den Kopf.

„Wir haben schon gegessen", berichtete Fabian.

„Wie geht es denn dem Kälbchen?", wollte Valentina wissen.

„Kälbchen?", fragte Fabian.

„Nicht so gut. Ich hoffe, wir bringen es durch", erklärte Mama. „Es ist sehr schwer verletzt. Von welchem Tier es angefallen wurde, wissen wir noch nicht genau. Wir haben da jedoch so eine Vermutung. Zum Glück haben es der Bauer und sein Arbeiter gleich zu uns ins Tierspital gebracht."

Fabian lehnte sich an Papa. Der streichelte seinen Kopf.

„Wir hatten übrigens gestern Nacht noch zwei verletzte Schafe", ergänzte Papa. „Eines davon mussten wir gleich einschläfern. Ein anderer Bauer erzählte, ein Huhn sei überhaupt verschwunden." Papa schenkte sich noch Saft ein und seufzte.

„Sind die Schafe auch angefallen worden?", fragte Valentina.

„Ja", antwortete Mama. „Außerdem dürfte das eine, das wir nicht retten konnten, in Panik versucht haben, davonzulaufen. Es hatte ein Bein gebrochen und war auch sonst schwer verletzt."

Papa gähnte. „Seid mir nicht böse, ich lege ich mich erst einmal aufs Ohr. Damit ich bis zum nächsten Einsatz ausgeschlafen bin."

Mama stand auf und räumte den Tisch ab. „Ich setze mich dann ein bisschen in die Sonne", eröffnete sie.

„Ich komm' mit!", rief Fabian.

Valentina ging in ihr Zimmer. Dort tippte sie in ihr Handy: „Neuigkeiten. Hast du Zeit?" Zehn Sekunden später war die Antwort da: „Jap."

Valentina schlug vor, auf die große Wiese zu gehen. Auf dem Weg dorthin erzählte sie Nico von den verletzten Tieren.

Plötzlich rief er: „Jetzt schau dir das an: Dass die Leute mit ihren Hunden nicht zum Hundeklo gehen können. Oder zumindest das Gackerl mitnehmen!" Er schüttelte den Kopf und deutete auf ein Häufchen im Grünstreifen neben der Straße. Valentina hockte sich ins Gras, um das Fundstück genauer betrachten zu können.

„Und was, bitteschön, ist daran so interessant? Oder willst du das vielleicht mitnehmen?", wunderte sich Nico.

„Nö, nur als Bild. Das ist nicht von einem Hund. Und von einer Katze auch nicht. So viel weiß ich. Da liegt auch ein Haarbüschel. Das nehme ich mit. Dann googeln wir alles."

Valentina hob das graubraune Büschel mit dem Papiertaschentuch auf und steckte es in die Hosentasche. Nico blieb der Mund offen. Endlich stammelte er: „Du glaubst doch nicht, dass auf unserer Straße ein Wolf herumspaziert ist?" Valentina lächelte. „Wer weiß", sagte sie. „Möglich ist das schon, wenn er sehr hungrig ist."

Sie stand auf und schon bei den nächsten Schritten entdeckten sie ein paar Amselfedern. Valentina strahlte übers ganze Gesicht.

„Jetzt haben wir den Beweis!"

„Was? Dass sich hier zwei Amseln gestritten haben?", fragte Nico.

„Jetzt sei doch nicht so. Ich bin mir sicher, dass ich recht habe. Ich spüre das einfach. Wir müssen jetzt nur noch aufzeigen, dass es Wölfe sind."

Die beiden drehten um und gingen wieder zurück. Sobald sie in den Gallmeier-Garten kamen, griff Valentina sofort zu ihrem Handy. Mama und Fabian schliefen aneinander gekuschelt auf dem bunten Liegebett unter dem Sonnenschirm. „Dieses Bild bekommt Mama zum Geburtstag", vertraute Valentina Nico an. Dann schlichen sich die beiden vorbei, hinauf in ihr Zimmer. Valentina kopierte die neuen

Handyfotos auf ihren Laptop. Dann suchten sie im Internet nach ein paar Tieren, die ein ähnliches Fell haben.

„Das kann alles sein", stellte Nico fest. „Viele Tiere haben ein graubraunes Fell. Das Gackerl-Bild bringt uns auch nicht weiter. Und die Vogelfedern im Gras sind ebenfalls nicht so ungewöhnlich." Nico aktivierte die Radio-App auf seinem Handy und suchte die Kanäle nach Musik durch. Dabei erwischte er auch einen Nachrichtensender. Sofort drehte er lauter.

„Hör mal. Deine Mama ist im Radio, Valentina!"

„Äh – meine Mama macht ein Nickerchen im Garten?"

„Wird dann eben nicht live sein", erklärte Nico.

„Na geh", gab Valentina zurück. „Sollte auch ein Scherz sein, Herr Nicodemus."

„… Wölfe folgen auf ihren Streifzügen gern Pfaden, Wegen, Ufern, Schotterbänken, gefrorenen Wasserläufen, Bergrücken und anderen Geländeformationen, die ihnen eine leichte Orientierung ermöglichen; vermutlich können sie sich so besser auf ihre Umgebung konzentrieren."

„Das ist ja sehr interessant, Frau Dr. Gallmeier", antwortete der Reporter. „Und wie schätzen Sie die Gefahr für die hiesige Bevölkerung ein, Frau Doktor?"

„Es gibt genügend Beute für die Wölfe, Menschen sind nicht gefährdet. Im Umfeld menschlicher Siedlungen schlagen Wölfe Schafe und Kälber, aber auch Hühner, Hunde und Katzen. Wenn sie keine Beutetiere finden, begnügen sie sich auch mit Essensresten beziehungsweise Haushaltsabfällen."

„Danke Frau Dr. Gallmeier. Und wie sehen Sie als Förster dieses Problem, Herr Gruber?"

„Ganz genau so."

„Förster Gruber", fragte der Reporter weiter: „Was, wenn ich beim Spazierengehen einem Wolf begegne? Wenn ich beim Wandern oder als Bauer bei der Feldarbeit das Gefühl habe, dass mir ein Wolf zu nahe kommt. Was würden Sie mir raten?"

„In der Regel sind Wölfe scheu und vermeiden eine Begegnung mit Menschen", antwortete der Förster. „Es kann aber vorkommen, dass ein neugieriger junger Wolf nicht sofort flüchtet oder dass ein Wolf wenige Meter an Menschen vorbeiläuft, ohne diese zu beachten."

Jetzt mischte sich auch der Bürgermeister in das Gespräch ein: „Ist es gefährlich, nach der Dämmerung im Wald zu spazieren? Was, wenn einzelne Tiere zu neugierig werden und die Scheu vor dem Menschen verlieren? Kann ich meine Kinder noch aus dem Haus lassen?"

„Die Kinder sollten sich derzeit nicht allein im Wald aufhalten", betonte Frau Dr. Gallmeier. „Kleine Kinder können durchaus vom Wolf als Beute angesehen werden. Und wenn sie dann davonlaufen, regt das den Jagdinstinkt an. Auch für Erwachsene gilt: Auf keinen Fall weglaufen. Ruhig stehen bleiben und zunächst beobachten. Wenn der Wolf nicht von allein geht, schreien Sie ihn laut an und bewerfen ihn mit Steinen oder Ästen. Man sollte allzu neugierigen Wölfen den Eindruck vermitteln, dass Menschen unangenehm sind."

„Verstehe", äußerte der Reporter. „Ist es sinnvoll den Wolf zu jagen, Herr Bürgermeister? Darf man den Wolf abschießen?"

„Nein, der Wolf steht unter Naturschutz. Sein Abschuss ist eine Straftat und nur letztes Mittel im Fall einer Attacke auf das eigene Leben. Er darf nicht gejagt werden und ist ganzjährig geschont. Liebe Hörerinnen und Hörer, bitte suchen Sie nicht auf eigene Faust nach den Wölfen. Das kann nicht nur gefährlich, sondern auch sehr teuer werden. Wer einen Wolf erlegt, wird strafrechtlich verfolgt."

„Und das ist gut so", ereiferte sich der Förster. „Denn obwohl der Wolf streng geschützt ist, wird er immer wieder illegal gejagt. Neben dem Mythos vom ‚bösen Wolf', der in der Bevölkerung vielfach noch tief verankert ist und Ängste schürt, sehen ihn auch Weidetierhalter und Jäger zum Teil als Gefahr an. Die Landwirte fürchten um ihr Vieh, das der Wolf reißen könnte. Die Jäger haben Angst um ihre Wildbestände. So kommt es leider immer wieder vor, dass Wölfe vergiftet oder erschossen werden."

„Also, ich weiß nicht, was ich machen würde, wenn ich meine Kinder am Spielplatz beschützen müsste", antwortete der Politiker leise.

„Unsere Zeit ist um, liebe Hörerinnen und Hörer. Ich bedanke mich herzlich bei …"

Nico drehte den Ton ab und sah Valentina an. „Und jetzt?"

Unerwartete Begegnung

„Ich muss nachdenken", entschied Valentina.

„Und ich muss nach Hause. Opa will den Zaun reparieren. Eine Vorsichtsmaßnahme, meint er. Wir fahren zum Baumarkt, Material einkaufen. Komm doch mit, Valentina." Sie überlegte nur kurz. „Warum eigentlich nicht. Bei mir schlafen eh grad alle." Valentina schnappte ihr Handy. Sie versperrte die Haustür, dann ging sie vorsichtig zu Fabian und Mama. Sie berührte sie leicht an der Schulter und flüsterte ihr ins Ohr: „Mama? Ma-ma."

Karin Gallmeier seufzte im Schlaf. Fabian schnarchte. Valentina schickte eine WhatsApp-Nachricht an Mamas Handy, das unter dem Liegestuhl in deren Pantoffeln lag. „Bin mit Nico und Opa Engel einkaufen." Während sie Mamas Schlüssel in den anderen Pantoffel legte, machte das Handy auch schon „Pling". Nach einem abschließenden Blick auf die beiden ging Valentina. Opa Engel saß schon im Auto und Nico wartete daneben.

„Dann kann es ja losgehen", stellte Opa fest und startete den Motor. Im Baumarkt sicherte sich Nico einen großen Einkaufswagen. „Also, was brauchen wir?"

Opa Engel sah auf seinen Zettel. „Holzlatten, Holzleim, Schrauben, unbedingt einen neuen Akkuschrauber und eine ordentliche Werkzeugkiste. Meine fällt schon auseinander."

„Gut", meinte Nico. „Dann auf zur Holzabteilung." Sie starteten in Richtung der Sägegeräusche. Opa verschwand zwischen den fertigen Zaunlatten. Die Kinder suchten in einem Nebengang nach Holzleim.

„So viele verschiedene Leimdosen!", rief Valentina. „Große, kleine, für draußen, für drinnen, farblos oder nicht …" Valentina hielt plötzlich inne und legte den Zeigefinger auf den Mund.

„Was ist?"

„Schhh!"

Nico blieb auf der Stelle stocksteif stehen und bewegte nur die Augen in alle Richtungen. Valentina zeigte mit dem Daumen auf das Regal mit den Holzimprägnierungen. Dann fuchtelte sie mit den Händen wie beim Pantomime-Spiel herum. Sie wollte Nico mitteilen, dass sie aus dieser Richtung Geräusche gehört hatte.

„Hä? Was?", fragte Nico tonlos, schüttelte den Kopf und zuckte mit den Schultern.

Valentina verdrehte die Augen. Sie flüsterte Nico etwas zu. Dieser nickte, als auf der anderen Seite des Regals jemand lautstark nieste.

„Bist du sicher?", hauchte er.

„Nein, aber ich hab was von Schießen und leeren Dosen gehört. Könnte doch sein. Wir gehen nach vor ans Gangende – so können wir sie bestimmt besser verstehen", wisperte Valentina, griff nach irgendeinem Imprägniermittel und schubste Nico mit dem Einkaufswagen ein paar Schritte weiter. „Pass auf", erklärte sie plötzlich.

„Was hast du vor?"

Valentina antwortete nicht. Mit der Dose in der Hand ging sie einfach um das Regal herum auf die andere Seite. Dort standen zwei Baumarktverkäufer. Einer groß und schlank, der andere kleiner und rundlicher. Als die Männer auf sie aufmerksam wurden, sah sie konzentriert auf das Regal, dann wieder auf die Dose in ihrer Hand. Laut sagte sie zu sich: „Ich glaube, hier bin ich falsch. Das ist nicht das, was ich brauche", und tat, als würde sie in die andere Richtung gehen. In Wirklichkeit machte sie einen kleinen Kreis um die Männer und kam von der anderen Seite zu Nico zurück.

„Das sind sie. Ich bin mir ganz sicher."

„Du … du bist nicht nur verrückt", stammelte er, „du spinnst auch noch."

„Ich weiß, aber danke", gab Valentina an und grinste. Nico machte den Mund auf. Wahrscheinlich wollte er etwas sagen, aber Valentina legte den Zeigefinger auf seine Lippen.

„Hör mal, Edi", verlangte der Dicke. „Treffen wir uns heute wieder zum Schießtraining? Ein bisschen Übung könnte ich schon noch gebrauchen. Damit ich nicht zittere, wenn mir ein Wolf gegenübersteht." Der Dicke lachte laut.

Valentina und Nico sahen einander an.

„Sicher Kurtl, machen wir. Glaubst du, dass du viele erwischt?"

„Sowieso. Schließlich wollen wir doch Kohle machen. Dafür, dass wir der Stadt helfen, die paar Wölfe hier zu reduzieren, sollen die Politiker ordentlich was springen lassen. Die werden sich alle bei uns bedanken. Wirst schon sehen, Edi."

Edi gluckste vor Lachen. Valentina und Nico hatten genug gehört. Außerdem kam ihnen gerade Opa Engel mit einem zweiten Einkaufswagerl entgegen. „Ja, wo bleibt ihr denn so lange? Ich habe schon alles gefunden. Imprägniermittel?", überlegte er und sah auf die Dose in Valentinas Hand. „Gute Idee, nehmen wir noch mit."

Als die drei heimkamen, spielte Fabian Blumengießen und Mama stand am Küchenfenster. „Hallo!", rief sie heraus und winkte ihnen zu. „Heute lade ich mal alle zum Abendessen ein. In einer halben Stunde ist das Putengeschnetzelte fertig. Bis gleich also!"
„Danke, wir kommen!", rief Nico und Opa nickte erfreut.
Beim Essen drehte sich das Tischgespräch natürlich um die Wölfe.
„So, jetzt ist aber Schluss mit den Viechern", schimpfte Opa. „Es gibt auch noch andere interessante Dinge, über die wir reden können. Wie wäre es damit: Wir machen einen Ausflug zur Aussichtswarte an die Donau. Da kann man mit dem Rad oder mit dem Auto auf einer Straße hinfahren. Wir müssen also nicht durch den Wald gehen."
„Super Idee, Herr Engel", fand Mama.
„Was sieht man denn dort?", wollte Fabian wissen.
„Stell dir vor, von dort kann man sehr weit sehen, über die Donau, die Wälder, fast bis zum Meer!", erzählte Opa, grinste verschmitzt und zwinkerte mit einem Auge. Alle am Tisch lachten, nur Fabian sah Opa mit großen Augen an.

„Erinnere dich, Fabian. Wir waren dort schon. Und du hast damals den ganzen Weg gesungen: ‚Immer nur geradeaus, vorbei an einem kleinen Haus'."

„Ah, ja. Das ist gar nicht so weit. Wann gehen wir dorthin, Mama?", fragte Fabian.

„Vielleicht am Wochenende. Ich muss noch auf meinen Dienstplan schauen. Clemens? Du hast am Samstag frei? Oder?"

Papa nickte.

„Ach, so lang noch. Na gut", meinte Fabian und verschwand in seinem Zimmer.

Als Valentina am nächsten Vormittag aufwachte, war es bereits 10.00 Uhr vorbei. Sie streckte sich genüsslich und ging dann in die Küche hinunter. Dort war der Frühstückstisch gedeckt und ein Zettel steckte zwischen den Semmeln.

„Sind schon im Dienst – Mittagessen ist im Kühlschrank – Papa ist am Abend wieder da – ich habe Nachtdienst. Bussi, Mama."

Valentina richtete sich eine Marmeladensemmel her und schenkte sich eine Tasse Tee aus der Thermoskanne ein. „Wenn Fabian noch schläft", dachte sie, „kann ich ja mal in Ruhe meine Blogbeiträge und Klicks anschauen. Voll." Sie nahm Teller und Tasse mit in ihr Zimmer. An Fabians Tür horchte sie kurz und lächelte. „Heute schnarcht er gar nicht."

Eine Stunde lang sortierte sie neue Fotos am Laptop, beant-

wortete Fragen zu ihrem Blog und überlegte, welches Thema sie als Nächstes ihren Followern anbieten sollte. Mittlerweile war es 11.15 Uhr und von Fabian immer noch nichts zu hören. Valentina ging zu seinem Zimmer und öffnete leise und vorsichtig die Tür. Der Pyjama lag am Boden, Decke und Polster waren zerwühlt. „Fabian!", rief sie. „Bist du in der Küche?" Keine Antwort. Langsam kam Valentina das seltsam vor. Sie begann, alle Räume zu durchsuchen und rief immer wieder den Namen ihres Bruders. „Wo steckt der Kerl bloß schon wieder?" Doch wo sie auch nachsah, Fabian blieb verschwunden. Valentina nahm ihr Handy und rief Nico an.

„Du musst mir helfen", bettelte sie. „Bitte. Komm sofort herüber. Danke."

„Was ist denn passiert?", fragte Nico.

„Komm einfach."

Valentina erwartete Nico am Gartentor. „Er ist schon wieder weg", sagte sie mit sorgenvoller Stimme. Nico wusste sofort, von wem die Rede war. „Dann suchen wir ihn", schlug er vor. „Hat er irgendetwas mitgenommen? Hast du eine Ahnung, wo er hinwollte?"

„Nein! Keine Ahnung. Ich bin schuld, wenn ihm was passiert. Ich hab nicht aufgepasst. Ich dachte, er schläft noch …" Valentina war den Tränen nah.

„Lass uns noch schnell in sein Zimmer gehen", regte Nico an.

Sie seufzte nur. Oben angekommen, fragte Nico: „Fehlt was? Ein Spielzeug oder ein Pulli?"

„Ja, ich glaube, sein Polizeihubschrauber ist nicht da", vermutete sie und sah im Kasten nach. „Der Rucksack ist auch weg."

„Okay, vielleicht hat er ja wenigstens etwas zu trinken oder zu essen mitgenommen. Sollten wir nicht die Polizei rufen?"

„Auf gar keinen Fall, Nico. Wir müssen ihn finden, bevor mein Vater heute Abend nach Hause kommt."

Wo ist Fabian?

„Wohin zuerst?", fragte Nico.

„Zum Spielplatz. Dann zum Teich. Dort waren wir das erste Mal mit ihm."

Schnell packte Valentina Wasserflasche, Taschenlampe und Jacke in ihre Umhängetasche. Nico steckte zusätzlich sein Taschenmesser ein.

Am Siedlungsspielplatz war niemand. Auch Fabian nicht. Deshalb gingen die beiden sofort in Richtung Teich weiter. Valentina gab ein schnelles Tempo vor. Nico hielt problemlos mit ihr Schritt. Beim Teich überlegte sie erst mal: „Wir könnten uns aufteilen, Nico. Ich gehe hier entlang und du auf der anderen Seite. Oder wir schauen vorher auf dem verbotenen Grundstück? Fa-bi-aaaan!", schrie Valentina.

„Aber was sollte er denn auf dem Grundstück wollen? Da waren wir doch überhaupt nicht mit ihm."

„Ich weiß es auch nicht. Egal. Wir gehen da quer durch. Um den Teich herum dauert viel länger." Sie gingen den Zaun ab und suchten nach einer Möglichkeit, durchzuschlüpfen.

„Hier!", rief Valentina und zeigte Nico das Loch im Zaun. Sie kippte das große Betreten-verboten-Schild weg. Jetzt erst kam die ganze Lücke zum Vorschein. Sie bückte sich und war im Nu drüben. „Komm jetzt." Sie hielt Nico den Maschendraht auf, damit er unbeschadet durchklettern konnte. Obwohl sie sicher waren, dass niemand im Haus

war, blieben sie hinter den Büschen in Deckung. Langsam setzten sie einen Schritt nach dem anderen.

„Stopp", flüsterte Valentina und blieb mit einem Ruck stehen. „Horch!"

„Das war nur der Wind", beruhigte Nico. „Hier ist er nicht. Und sonst auch keiner." Er verließ die Deckung und sah sich nochmals auf dem Gelände um. „Faaa-biii-aaan, bist du da?", brüllte er. Keine Antwort, nur ein zartes Blätterrauschen.

„Lass uns gehen, dein Bruder muss irgendwo anders sein." Kaum hatten sie das Grundstück wieder durch den Zaun verlassen, kamen ihnen zwei Jogger entgegen. Valentina lief sofort auf sie zu. „Haben Sie vielleicht einen kleinen Buben gesehen? Er hat blonde Locken und einen Rucksack."

„Tut mir leid", meinte der eine. „Oder ist etwas aufgefallen, Alex?" Doch der andere schüttelte nur den Kopf.

Valentina schluckte. „Dann um den Teich herum", erklärte sie leise.

„Warte mal. Wir müssen überlegen, anstatt hysterisch in der Gegend herumzulaufen." Nico nahm sie an der Hand und führte sie zu einem liegenden Baumstamm. „Setz dich", meinte er.

„Inzwischen hat ihn vielleicht ein Wolf angefallen", jammerte Valentina.

„Blödsinn. Du hast selber gesagt, dass Wölfe eher scheu sind."

„Hey – Wölfe!", rief Valentina und sprang wieder auf. „Opa wollte doch von den Wölfen ablenken."

„Ja, und?"

„Erinnere dich. Er hat dann diesen Ausflug zur Aussichtswarte vorgeschlagen. Vielleicht ist Fabian dorthin unterwegs?"

Nico machte eine Nachdenkpause, dann fragte er: „Kennt er den Weg? Ihr wart doch schon mal dort."

„Ja klar, schon öfter", rief Valentina. „Warum habe ich nicht gleich daran gedacht."

„Es ist auf jeden Fall nicht so weit, wir schaffen das zu Fuß. Aber für einen kleinen Burschen …"

„Fabian wird vielleicht die Entfernung nicht einschätzen können. Aber bestimmt fragt er sich Stückchen für Stückchen durch. Auf, auf, Nico, du gehst voraus."

„Einverstanden. Wenn wir ihn aber in den nächsten zwei Stunden nicht finden, rufen wir die Polizei an."

„In Ordnung."

Nico führte Valentina ein paar Meter am Teich entlang, dann weiter durch den Wald. Ein bisschen bergauf, den nächsten Hang hinunter und über ein Bächlein.

„Sind wir hier auch richtig?"

„Klar, wir machen eine Abkürzung. Vertrau mir, ich kenne mich hier aus."

„Hoffentlich", murmelte Valentina.

„Da vorne ist schon der richtige Weg. Ich denke, Fabian ist bestimmt hier entlanggekommen – wenn er sich an die Gegend erinnert."

„Aua! Voll der Mist", rief Valentina hinter ihm.

Als er sich umdrehte, lag sie auf dem Bauch und rieb sich den Kopf.

„Müde?", witzelte er und hielt ihr die Hand zum Aufstehen hin. „Soll ich ein Foto von dir für deinen Blog machen?"

„Bloß nicht! Aber ...", rief sie und begann, etwas Buntes unter einigen Blättern freizulegen „Da!", triumphierte sie und hielt Fabians Polizeihubschrauber in die Höhe. „Er kann nicht weit sein."

Peng. Peng. Peng, peng, peng!

Nico machte einen Hechtsprung zu ihr auf den Waldboden und kam mit seinen Füßen neben ihren Schultern zu liegen. Valentinas Herz klopfte bis zum Hals. Sie zitterte und tastete nach Nico.

Peng. Peng.

Valentina vergrub ihren Kopf zwischen den Ellenbögen und hielt sich so die Ohren zu.

„Ich hab voll Angst", wisperte sie.

„Ich auch", gab Nico zu.

Peng, peng, peng!

Obwohl die Schüsse immer leiser wurden, verharrten die beiden noch eine ganze Weile in dieser Stellung und lauschten auf jedes Geräusch. Bald war nichts mehr zu hören. Mit einem Ruck stand Valentina auf. Sie nahm Fabians Polizeihubschrauber und steckte ihn in ihre Umhängetasche. Dann rief sie: „Schnell, wir müssen weiter. Das waren bestimmt die Idioten vom Baumarkt. Vielleicht haben sie heute ihren freien Tag. Hoffentlich haben sie Fabian auf ihrer Wolfsjagd nichts getan."

Endlich stand Nico auf. Er war schweißgebadet. Mit fahrigen Fingern klopfte er sich die Blätter vom T-Shirt. „Genau. Nur weg hier."

Wenige Meter weiter gelangten sie zum Weg Richtung Aussichtswarte. Das Schild dorthin wies nach links.

Auf dieser Strecke waren deutlich mehr Leute unterwegs. Nico und Valentina fragten nahezu jeden, der an ihnen vorbeikam. Aber niemand hatte den kleinen Fabian bemerkt.

„Was machen wir jetzt?", jammerte Valentina. „Wenn er irgendwo verletzt liegt und uns nicht hört oder nicht mehr schreien kann, dann … dann finden wir ihn nie!"

Nico nahm sie in den Arm. „Ich bin dafür, dass wir jetzt die Polizei einschalten", erwähnte er vorsichtig.

Valentina seufzte. Dann rief sie plötzlich: „Was ist das denn für eine Holzhütte? Dort schauen wir noch nach und wenn er nicht drinnen ist, dann machen wir das so, wie du gesagt hast. Okay?"

„Na gut, einverstanden."

Valentina putzte sich die Nase und lief in Richtung Hütte.

„Moment", mahnte sie Nico. „Was, wenn da die Typen vom Baumarkt drinnen sind?"

„Voll. Wir schleichen uns an", sagte Valentina leise. Dann gingen sie hintereinander auf den Holzschuppen zu. Vorsichtig, um nur ja kein Geräusch zu machen, das die Männer auf sie aufmerksam machen könnte. An der Rückseite des Schuppens angekommen, deutete Valentina Nico, dass sie ums Eck gehen würde. Nico nickte und schlich Valentina nach. Auf dieser Seite fanden sie ein zerbrochenes Fenster, das mit dicken Eisenstäben vergittert war, und eine Tür, die einen spaltbreit offen stand. Mit den Händen an der Holzwand entlang tastete sich Valentina bis zum Fenster vor. Nico schwitzte und wischte seine feuchten Hände am T-Shirt ab. Wie in Zeitlupe schob Valentina ihr Gesicht vor die kaputte Scheibe. Mit großen Augen winkte sie Nico heran. Jetzt sah er es auch. Fabian lag in einer Ecke auf einer alten Matratze und schlief.

Valentina atmete auf und lächelte. „Voll.

Wir gehen rein und
nehmen ihn mit."
Gemeinsam drückten sie
die schwere Holztür nach
innen auf.
Valentina machte einen
Schritt in die Hütte.
Nico folgte ihr. Langsam
kniete sich Valentina zu
Fabian.
„Aufstehen.
Wir gehen nach Hause",
gab sie an und streichelte den
blonden Lockenkopf ihres Bruders.
„Mama?", murmelte Fabian.
„Nein. Ich bin's, die Valentina."
Fabian blinzelte.
„Alles gut mit dir?", fragte Valentina. „Du weißt schon, dass
du uns einen großen Schrecken eingejagt hast?"
Fabian nickte und seine Lippen zuckten. „Ich wollte zum
kleinen Haus und dann geradeaus." Gleich darauf liefen ein
paar große Tränen über seine roten Wangen.
„Komm schon her. Jetzt haben wir dich ja gefunden."
Valentina drückte ihren Bruder ganz fest an sich. Plötzlich
deutete Nico, der in der Nähe der offenen Tür stand, dass sie
still sein sollten.

Gefangen

„Schhhh!", flüsterte Valentina dem schluchzenden Fabian ins Ohr. „Was ist los?", fragte sie Nico leise.

„Weiß nicht. Ich glaube, da draußen schleicht jemand herum. Ich kann aber keinen sehen."

„Die beiden vom Baumarkt?", überlegte Valentina.

„Glaube ich nicht – die würden bestimmt Lärm machen."

Inzwischen hatte sich Fabian beruhigt und Valentina stand auf. Sie sah durchs Gitter am Fenster, konnte aber niemanden draußen entdecken. „Ich schließe erst mal die Tür", schlug sie vor. „Dann warten wir einfach ab."

Valentina steckte den Kopf vorsichtig ins Freie. Sie drehte sich um und nickte den beiden Burschen zu. Langsam machte sie einen Schritt vor die Hütte und sah sich noch einmal um. Schnell war sie wieder zurück, um die schwere Holztüre, die bis zum Anschlag an der Wand lehnte, zuzumachen. Aber so einfach funktionierte das nicht. Erst mit Nicos Hilfe bewegte sich die Tür Stück für Stück. Er drückte von innen und sie zog von außen. Jetzt war nur mehr so ein großer Spalt offen, dass sie gerade noch durchkäme. In diesem Moment hörte sie hinter sich ein Knurren. Das Blut stockte ihr in den Adern. Ihr war sofort klar, dass hinter ihr ein Wolf stand. Auch Nico hatte das Knurren gehört.

„Drück die Tür zu!", zischte Valentina.

„Und du?"

„Ich verscheuche ihn." Valentina drehte sich vorsichtig um.

75

Mit dem Rücken zur Hütte, stand sie Auge in Auge mit dem Wolf. Er knurrte sie noch einmal an. Nur ein paar Sekunden lang betrachtete sie das junge Tier. Als der Wolf sich nicht von der Stelle rührte, machte sie ganz automatisch das Richtige. Sie hob die Hände und machte sich so groß, wie sie nur konnte. Der Wolf wich einen Schritt zurück. „Hey!", brüllte sie. „Hau endlich ab! Los! Verschwinde!" Der Wolf knurrte ein letztes Mal, dann drehte er um und verschwand im Dickicht. Sofort zog Nico die Tür wieder ein wenig auf und Valentina schlüpfte in die Hütte. Kreidebleich ließ sie sich auf den Boden fallen. „Mir ist schlecht", erklärte sie.

„Nicht, dass du mir jetzt umkippst", rief Nico. Auch seine Stimme zitterte ein wenig. Eine Mischung aus Bewunderung und Angst. Er kramte in seiner Hosentasche. „Hier", stellte er fest und hielt Valentina ein Stück Traubenzucker hin. Sie nickte und steckte den Zucker gleich in den Mund.

„Besser?"

„Besser", antwortete sie.

„Ich hätte mich das nicht getraut. Das war schon total mutig von dir."

„Ganz egal war mir das auch nicht. Wahrscheinlich war der Wolf genauso überrascht wie ich. Dass ich da plötzlich um die Ecke komme, damit hat er nicht gerechnet. Er muss voll abgelenkt gewesen sein, dass er mich nicht schon vorher gerochen oder gehört hat." Valentina lächelte schon wieder. „Super, Fabian, dass du ganz still geblieben bist. Hast du voll gut gemacht. Schade, dass wir das nicht auf Video haben."

Mit einem Blick auf den Eingang bemerkte sie: „Die Tür ist aber immer noch nicht ganz zu."

„Stimmt", gab Nico zu. „Ich glaube, die muss man richtig zuwerfen, damit sie ins Schloss fällt. Das wollte ich aber nicht tun, solange du da draußen mit dem Wolf ‚verhandelst'."

„Danke, ich brauch jetzt noch ein paar Minuten zum Herunterkommen. Das gelingt mir aber nur, wenn ich weiß, dass die Tür fest zu ist."

„Schon gut", antwortete Nico. „Lass dir Zeit. Ich kümmere mich darum." Er stand auf, atmete tief ein und drückte mit beiden Händen die Tür mit Schwung zu. Das Regal neben der Tür wackelte.

Ratsch!

„Was war das denn?", wollte Valentina wissen.

„Das klang, als wäre draußen ein Eisenriegel eingerastet."

„Voll der Mist", meinte Valentina und sah zu Fabian hinüber. „Uns bleibt wirklich nichts erspart. Jetzt sind wir auch noch eingesperrt."

Nico seufzte. Er ging zum Fenster und fixierte mit seinem Blick die zerbrochene Scheibe. „Schon blöd, dass das Fenster vergittert ist, sonst könnten wir hier hinausklettern."

„Tja, da kann man nichts machen. Komm, wir nehmen uns mal die Tür vor."

Nico stimmte zu und rüttelte mit ganzer Kraft an der Holztür. „Geht nicht auf. Es scheppert nur", rief Nico und rüttelte erneut an der Holztür. Dann hob er ein dünnes Hölzchen auf und versuchte damit, das Schloss von innen aus durch die Holzlatten zu entriegeln. Doch bereits beim ersten Versuch brach das Stäbchen ab.

„Vielleicht können wir die Tür eintreten", schlug Nico vor. „Das Holz ist bestimmt nicht überall so dick."

„Kommt auf einen Versuch an", meinte Valentina. Auf Eins ... Zwei ... Drei traten die beiden gemeinsam gegen die Holzlatten. Doch keine Latte brach.

„So wird das nix, geh mal weg", verlangte Valentina.

„Was hast du vor?"

„Das haben wir gleich. Pass auf." Valentina ging ein paar Schritte zurück. „Achtung, fertig, los ... Auaaa!"

Sie taumelte zurück.

„Spinnst du? Einfach dagegen zu rennen. Schlimm?"

Valentina rieb sich den linken Oberarm. „Der ist ganz schön beleidigt", presste sie hervor und schnaufte.

„Zuhause würde dir Opa jetzt ein „Erbsen-Tiefkühl-Pack" drauflegen. Hier habe ich nichts Kaltes dabei", räumte Nico ein und sah sich um.

„Ob da irgendein Werkzeug herumliegt, mit dem wir die blöde Tür aufkriegen?", fragte Nico und versuchte ein Lächeln.

„Toller Plan", seufzte Valentina.

„Das hätte uns auch schon früher einfallen können." Sie setzte sich zu Fabian unter das Fenster. „Nur kurz, dann machen wir weiter", flüsterte sie, biss die Zähne zusammen und stöhnte.

„Bleib du mal schön sitzen und ruh' dich aus", meinte Nico und nahm daraufhin die kleine Holzhütte genau unter die Lupe. Links neben der Tür lehnten einige Bretter, die aussahen, als wären sie einmal ein Teil eines Kastens gewesen. Im Eck standen Blumentöpfe und ein Sack mit Erde, eine Plastikgießkanne und ein kaputtes Rankgitter war alles auf dieser Seite. Auf der Seite gegenüber der Tür befanden sich eine Werkbank und einige Haken, an denen man Werkzeug hätte aufhängen können. Nur an einem Haken war ein schmutziger Stofffetzen befestigt. Nico unterbrach den Rundgang, um nach Valentina zu sehen. Valentina hatte ihre Augen halb geschlossen und atmete schwer.

„Wie geht es dir?", fragte Nico.

„Ging schon mal besser", stieß Valentina hervor. „Der Arm tut verdammt weh."

„Hoffentlich ist er nicht gebrochen!"

„Glaub' nicht. Der ist sicher nur verstaucht", vermutete Valentina und brachte den Arm langsam in eine andere Position. „Ein Schluck Wasser wär' toll", meinte sie und schluckte. „In meiner Umhängetasche. Fabian?"
Ihr Bruder reichte ihr die Wasserflasche.

„Ah – super. Danke. Nico, schau mal das Regal hier rechts von der Tür an. Vielleicht liegt da was Brauchbares drauf."

„Hatte ich vor", antwortete Nico.

Valentina nickte. „Gut", flüsterte sie.

Nico besah sich alle Regalböden von unten nach oben. Aber außer ein paar Arbeitshandschuhen, einige Schrauben und einem Wasserschlüssel fand er nichts. „Ich schau noch da oben", sagte er und stieg auf den ersten Regalboden. Dann auf den zweiten.

„Wo ist eigentlich mein Tele…?", fragte Valentina.

„Neiiin!", schrie Nico. Der Fachboden, auf dem er gestanden hatte, brach. Er brachte sich noch rechtzeitig in Sicherheit, bevor alle Böden sich lösten und sich das ganze Regal zur Seite neigte. Als er wieder aufsah, stellte er fest, dass das, was vom Regal noch übrig war, sich ineinander verkeilt hatte und somit die Tür versperrte.

„Na, bravo", stellte Nico fest. Fabian kniete am Boden und schluchzte: „Wir kommen hier nie, nie, nie mehr raus. Wir werden verhungern und verdursten. Ich will nach Hause!"

Der Blogaufruf

„Stopp, halt, Fabian", beruhigte ihn Valentina. „Was soll das? Keine Panik, bitte."

Fabians Schultern zuckten immer noch. „Da hast du ein Taschentuch", teilte sie ihm dann mit.

„Danke", antwortete ihr Bruder und putzte sich lautstark die Nase.

„Aber, was machen wir jetzt wirklich, Valentina?", fragte Nico. „Wir haben ja nicht einmal etwas zu schreiben, das wir aus dem Fenster werfen könnten."

„Stimmt, haben wir nicht. Aber falls mein Handy nichts abbekommen hat, haben wir etwas viel Besseres."

Nicos Augen leuchten auf. „Wo ist es?"

„Greif mal in meine Hosentasche rechts hinten."

„Bingo! Es hat aber einen Sprung."

Valentina nahm Nico das Telefon aus der Hand. „Egal. Es funktioniert noch. Der Akku ist fast leer. Das Netz ist auch schwach. Für eine Nachricht an meine Eltern wird es reichen. Aber du musst tippen. Meine Hand."

„Ja, klar. Vielleicht haben wir Glück und es reicht auch noch für einen Post auf deinem Blog. Damit könnten wir noch mehr Leute erreichen. Und, und, und …" Nico fehlten die Worte.

„… und wer weiß, vielleicht können wir die beiden Wahnsinnigen, Edi und Kurtl, aufhalten", beendete Valentina den Satz und lächelte. „Na, dann los", sagte sie.

Mit zitternden Fingern tippte Nico die Nachricht, so wie seine Freundin es ihm ansagte: „Notfall! Hilfe, Papa! Der Weg Richtung Aussichtswarte. In Hütte eingeschlossen. Baumarktarbeiter Edi und Kurtl schießen! Kein Akku mehr. V."

Nico klickte auf Senden. „Message ist draußen. Das hat mal geklappt." Valentina nickte und atmete erleichtert auf.

„Wie machen wir das jetzt mit dem Blogbeitrag?", wollte Nico wissen.

„Du machst ein Video, das kommentieren wir und dann lade ich es hinauf. Schau her, ich zeig dir, wie das geht. Aber wir haben nur einen Versuch. Das Handy wird bald den Geist aufgeben."

„Eigentlich eine super Sache, deine Videos", gab Nico zu und schmunzelte sogar.

„Voll. Also, du machst erst einen Schwenk von Fabian zum Fenster mit den Gitterstäben, dann rüber zur versperrten Tür und dann hältst du auf mich. Am besten stellst du nachher das Handy auf die Werkbank und setzt dich zu mir, dann können wir beide in die Kamera reden. Okay?"

„Okay, Boss!", gab Nico zurück.

Pling. Das Handy vibrierte in Nicos Hand.

„Das ist bestimmt Papa. Zeig her. Ja. Sie suchen uns. Dein Opa und die Polizei sind auch verständigt. Super, schreib Danke zurück und dass der Blog gleich online ist."

Nico nickte. Jetzt durften sie keine Zeit mehr verlieren – das Handy blinkte schon. Nico filmte alles in der Hütte, dann griff er nach einem Blumentopf, stellte ihn auf die Werkbank und suchte danach den optimalen Punkt, um das Handy daran anzulehnen.

„Das passt schon so, Nico. Ein bisschen was wird man bestimmt von uns sehen."

Nico huschte zu Valentina, die sofort loslegte: „Achtung! Achtung! Das ist eine Sondermeldung, liebe Bloggerinnen und Blogger. Mein Bruder Fabian, Nico (Valentina deutete mit dem Daumen auf sie – Nico versuchte ein Lächeln) und ich brauchen eure Unterstützung. Wir haben nach meinem kleinen Bruder gesucht. Er wollte ganz allein einen Ausflug machen und musste sich dabei am Weg zur Aussichtswarte ausruhen. Zum Glück haben wir ihn in der Holzhütte gefunden.

Blog

Vorher haben wir noch Schüsse gehört. Wir vermuten, dass das die Baumarktarbeiter Edi und Kurtl waren. Die beiden wollen Wölfe erschießen. Sie glauben, dass sie dann eine Belohnung bekommen. Die zwei sind immer noch irgendwo im Wald unterwegs. Ihr müsst unbedingt verhindern, dass sie flüchten. Sagt es an alle weiter, die ihr kennt. Die Polizei ist bereits informiert."

„Und Vorsicht! Die beiden sind gefährlich", fügte Nico noch schnell hinzu. Valentina machte eine „time out"-Handbewegung. Nico schnappte sich das Handy und seine Freundin wies ihn an, wie er das Video hochladen sollte. „So, geschafft. Hoffentlich sieht das auch irgendjemand." Nico sah Valentina fragend an.

„Meine Follower sind immer online. Und Papa weiß jetzt auch Bescheid", meinte Valentina.

„Hoffentlich. Das Handy ist auf jeden Fall tot." Nico legte das Mobiltelefon in Valentinas linke Hand. Langsam kam Fabian wieder näher. Ein paar Kuscheleinheiten waren nicht zu verachten. Nico legte seinen Kopf in den Nacken und schlief sofort im Sitzen ein. So verweilten die drei einige Zeit. Valentinas Arm pochte stark. An Schlafen konnte sie nicht denken. Im nächsten Moment klopfte sie ihren Freund wach. „Hörst du das?!"

„Uah. Was?"

„Das ist doch ein Auto. Folgetonhorn. Und Stimmen. Sie kommen!", rief Valentina.

Nico hob seinen Kopf. Dann lief er zum vergitterten Fenster und brüllte durch die zerbrochene Scheibe: „Hierher! Hier sind wir!"

Valentina rappelte sich vom Sofa auf.

„Mein Opa ist der Erste, ich glaube, deine Mama ist auch dabei. Ich kann leider nicht um die Ecke schauen."

Valentina nickte erleichtert.

„Hallo! Opa! Hier in der Hütte!", schrie Nico.

Die drei Kinder hörten Hundegebell und ihre Namen rufen. In diesem Augenblick wurde an der Tür gerüttelt. „Seid ihr da drinnen?", fragte eine unbekannte Stimme.

„Ja, ja, ja!", riefen alle durcheinander.

„Geht es euch gut? Seid ihr verletzt?", wollten Mama und Opa Engel wissen.

„Bitte alle zurücktreten", sagte die Stimme von vorhin. „Kinder, geht von der Tür weg. Wir brechen sie jetzt ein."

„Das Regal liegt vor der Tür", rief Valentina dem Helfer zu. „Wir haben uns nicht getraut, die verkeilten Holzplanken anzugreifen und wegzuräumen."

„Das habt ihr ganz richtig gemacht."

Valentina verkroch sich mit Nico und Fabian unter der Werkbank.

„Geht schon!", rief Nico, hielt mit einer Hand Fabian fest und schützte mit der anderen sein Gesicht. Valentina versteckte ihren Kopf zwischen den Knien. Zuerst hörten sie, wie der Riegel draußen aufgemacht wurde. Dann krachte es plötzlich und der Holzhaufen glitt ein Stück ins Innere der Hütte.

„Wir müssen die Tür aushängen", hörten sie den Helfer sagen.

„So funktioniert das nicht", meinte ein zweiter Mann. „Wir schneiden die Hütte an der anderen Seite auf. Dann verrutscht nichts und wir können alle unbeschadet herausholen."

Die Kinder sahen einander an.

„Ihr macht das super", bestätigte Opa Engel durch das Fenster.

„Die Feuerwehrleute sind gleich bei euch. Kopf runter!", rief Mama. Dann ging alles ziemlich schnell. Die laute Kettensäge schnitt eine große, rechteckige Öffnung in die Wand neben dem Fenster. Die Kinder husteten. Der Staub kroch ihnen in Nase, Mund und Augen. Schnell wurde das ausgeschnittene Holz aus der Wand entfernt. Kaum war der Weg frei, kam auch schon ein Sanitäter zu den dreien, die immer noch dicht beisammensaßen. Opa und Karin durften noch nicht hinein. Erst als der Sanitäter die Kinder untersucht hatte, teilte er mit: „Den Kindern geht es gut. Frau Dr. Gallmeier, Sie können jetzt hereinkommen. Wir versorgen sie dann gleich im Rettungswagen."

Das ließ sich Mama nicht zweimal sagen. Sie umarmte Valentina und Fabian so, als wollte sie ihre Kinder nie mehr loslassen.

„Frau Doktor", erwähnte der Sanitäter, „wir sollten ..."

„Ja", äußerte Mama mit feuchten Augen und stand auf. Gemeinsam halfen sie den Kindern unter dem Tisch hervor und aus der Hütte. Draußen fiel erst mal Nico seinem Opa um den Hals. „Endlich", seufzte er und strich seinem Enkel über den Kopf. „Ich bin so froh, dass dir nichts passiert ist." Valentina lächelte den beiden zu, als sie ihre Mutter und der Sanitäter zum Rettungsauto führten. Während man dort ihren Arm versorgte, rief ihr Vater an. Auch er wollte wissen, wie es seiner Tochter ginge.

Suche nach den Verbrechern

Fabian wich seiner Schwester nicht von der Seite. Er saß im Rettungswagen neben ihr und hielt ihre Hand. Plötzlich rief er: „Mein Hubschrauber! Den hol ich mir!"

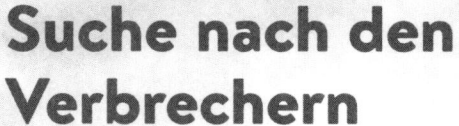

„Hey, du darfst da nicht mehr rein", warnte Valentina. „Mama!"

Aber Fabian war schon aus dem Wagen gesprungen und stürmte geradewegs zur Hütte. Er riss sich von Mama los, die ihn aufhalten wollte und schlüpfte unter der Absperrung durch.

Valentina sah von ihrer Liege aus, dass er im Handumdrehen auch wieder aus der Hütte draußen war. Mit seinem Hubschrauber und einem strahlenden Lächeln im Gesicht. Gerade rechtzeitig, denn drinnen krachte etwas lautstark zu Boden.

Nico, der Fabian entgegenlief, zog vor Schreck den Kopf ein. Sein Handy läutete. Plötzlich quietschten die Bremsen von Noras Cabrio neben dem Feuerwehrauto. Nora stieg aus und telefonierte: „Wie geht es dir denn, Nico?"

„Gut, Mama. Du kannst das Handy abdrehen. Ich stehe hinter dir."

„Ach, du liebe Zeit, Nico! Du hast mir einen ordentlichen Schrecken eingejagt. Lass dich drücken, mein Schatz."

Einige Zeit standen sie so aneinander gekuschelt da. Dann fragte Nora: „Und Valentina?"

„Es geht. Sie wird schon versorgt."

Als sie sich umdrehte, kam ihr Valentina mit verbundenem Arm entgegen.

„Schon cool, so ein Feuerwehrauto mit Blaulicht", stellte Valentina fest.

„Genau. Hoffentlich hat dein Papa gleich die Polizei

verständigt, damit die zwei Kerle nicht im letzten Moment abhauen", meinte Nico.

„Hat er sicher", antwortete Valentina und blickte zu ihrer Mama hinüber. Sie hatte das Mobiltelefon am Ohr.

„Verstehe", sagte Mama ins Handy und legte auf. „Die Wilderer sind nicht auffindbar, berichtete Papa. Er fährt noch mit den Polizisten mit und wartet ab, was im Keller des Hauses auf dem verbotenen Grundstück gefunden wird."

„Ich will zu ihm", erklärte Valentina.

„Ich auch", beschloss Nico.

„Das geht nicht. Das ist eine Polizeiaktion. Außerdem steht ihr dort nur im Weg herum", meinte Nora.

„Genau", bestätigte Mama mit Fabian an der Hand. „Wer weiß, was euch dort erwartet. Bleibt lieber da, bevor euch noch was passiert."

„Und wenn wir mit Opa fahren?", ließ Nico hören. „Er passt auf uns auf. Ja?"

Die beiden warteten die Antwort nicht ab und stürmten zu Opa Engel. Opa verabschiedete sich gerade von einem Feuerwehrmann. „Wir können schon heimfahren, Kinder", sagte er. „Wo wollt ihr hin? ... Ich gehe davon aus, dass eure Mütter Bescheid wissen. Na dann. Auf zum verbotenen Grundstück."

Sie kamen gerade rechtzeitig, als zwei Polizisten wieder aus dem Keller des Hauses kamen.

„Herr Dr. Gallmeier, jetzt sind Sie gefragt", gab Oberin-

spektor Zacherl, einer der Polizisten, an. „Da unten …“ Er
schüttelte nur den Kopf und deutete die Stufen hinunter.
Valentina und Nico gingen langsam hinter dem Tierarzt die
Kellertreppe hinunter. Schon beim Hinuntergehen schlug
ihnen ein beißender Geruch entgegen. Als sie den Kellerraum
betraten, verschlug es ihnen fast den Atem. In dem nur von
einer Glühlampe beleuchteten Raum fanden Sie große und
kleine Tierkäfige. Leer, bis auf einen. Dort war ein verletzter
Wolf eingesperrt. Er winselte leise.

„Unfassbar“, presste Clemens Gallmeier hervor.

„Mir ist schlecht“, stöhnte Nico. „Ich warte oben.“ Valentina
und ihr Vater sahen sich den gefangenen Wolf aus der Nähe
an.

„Du liebe Zeit!", presste er hervor. „Dreckig und halb verhungert. Das ist Tierquälerei."

„Diese Idioten", flüsterte Valentina.

„Ganz deiner Meinung", bestätigte ihr Papa. „In dem Zustand kann man mit den Tieren überhaupt nichts anfangen. Man kann sie weder tot noch lebend verkaufen. Das Fell ist auch unbrauchbar – der Wolf wurde angeschossen. Also, warum sperrt man das arme Tier ein und lässt es kläglich verhungern?"

„Glaubst du, dass du ihn durchkriegst, Papa?" Valentina stand am Käfig und betrachtete den Wolf durch das Gitter. Der lag teilnahmslos auf einem verschmutzten Zeitungspapier und sah sie mit einem traurigen Blick an. „Alles wird gut", redete sie leise auf das verletzte Tier ein. Papa seufzte neben ihr. „Und die zwei Wilderer sind wahrscheinlich schon über alle Berge", vermutete er. „Alleine schaffen wir das hier jedenfalls nicht. Sagst du Mama bitte Bescheid?"

Valentina nickte und griff nach dem Handy ihres Papas.

Es dauerte nicht lange, bis Mama und die Tierpfleger mit einem Transporter eintrafen. Valentina und ihr Vater erwarteten sie oben. Es war ein rechtes Gewurl auf dem Grundstück. Die Leute vom Tierspital holten den Wolf aus dem Keller, die Polizisten suchten Haus und Keller ab und sicherten die Spuren, Opa Engel unterhielt sich mit Nico. Fabian beschäftigte Nora. Niemand achtete auf die beiden Gestalten, die sich hinter dem Haus im Schatten der Bäume davonschlichen.

Valentina stand beim Transporter und beobachtete, wie der Käfig sorgsam verladen wurde. Papa überwachte die ganze Aktion, als Oberinspektor Zacherl zu ihm kam. „Wir sind ja schon länger auf der Spur dieser Wilderer. Aber vor kurzem …", der Polizist drehte sich zu Valentina, „… hat meine Tochter deinen Blogaufruf gelesen. Und da war alles klar."

Papa klopfte ihr stolz auf die Schulter. Valentina lächelte.

„Papa, kannst du hier mal filmen?", bat sie. „Mein Handy hat keinen Akku und meine Follower wollen schließlich informiert werden."

Das Funkgerät des Polizisten brummte.

„Hier Oberinspektor Zacherl, ich höre … Was! Ich bin sofort bei euch!"

„Was ist passiert?", fragte Valentina.

„Du wirst es nicht glauben, eine Schar von Kindern hat zwei Typen bei der alten Zufahrtsstraße entdeckt und hält sie jetzt fest. Unglaublich!"

„Voll cool. Das will ich sehen. Dein Telefon, Papa! Bitte!" Am Weg hinüber sah sie sich nach Nico um und sagte ihm Bescheid. Als sie das Grundstück über die alte Zufahrtsstraße verließen, staunten sie nicht schlecht. Edi und Kurtl saßen mit verbitterten Gesichtern auf einem Baumstamm. Umringt von mindestens 20 Kindern und Jugendlichen.

„Rührt euch ja nicht!", schrie einer der Burschen.

„Ihr kommt hier nicht weg", rief ein Mädchen.

„Wir haben alles auf Video. Ein Mucks und der Film ist im Netz", drohte ein anderer.

„Ihr habt ja ganze Arbeit geleistet", bemerkte Oberinspektor Zacherl. „Eure Filme brauche ich aber bitte für die polizeiliche Auswertung", entschied Oberinspektor Zacherl und sammelte die Handys ab. „Die bekommt ihr natürlich alle wieder zurück."

Dann klickten die Handschellen – Edi und Kurtl wurden abgeführt.

„Wo seid ihr denn jetzt alle hergekommen?", wollte der Oberinspektor wissen.

„Na, Valentinas Blog", führte das Mädchen von vorhin an.

„Logisch", meinte einer der Burschen. „Sie ruft, wir kommen."

Valentina und Nico strahlten.

„Ihr habt uns auf jeden Fall mit eurem Einsatz sehr geholfen", lobte Oberinspektor Zacherl.

„Wir haben uns gedacht, wenn die Polizei das Grundstück durchsucht, postieren wir uns hier bei der alten Zufahrtsstraße", berichtete das Mädchen.

„Seit einer Stunde warten wir schon in unserem Versteck", schilderte der Bursche. „Aber es hat sich gelohnt."

„Glück muss man haben", stellte das Mädchen fest.

„Und so tolle Freunde, wie euch!",
ergänzte Valentina.

„Danke, danke, danke!
Ihr seid meine Helden."

„Stellt euch zusammen",
rief Nico. „Sie auch,
Herr Oberinspektor.
Ich mache ein Selfie für
unseren neuen,
gemeinsamen
Tierschutz-Blog."

VALCOs Tierblog

Am Abend saßen Valentina und Nico beim Computer. Sie sortierten die Fotos des heutigen Tages für ihren Blog aus. Mit einem „Riesen-Dankeschön für die großartige Unterstützung" stellten sie die Dateien online und wiesen mit einem Link auf ihren neuen Tierschutz-Blog hin.

Am ersten Tierschutz-Beitrag arbeiteten Valentina und Nico noch eine Weile. Kurz vor Mitternacht hatten sie es geschafft. Uns so ging der Eintrag auf VALCOs Tierblog wie folgt online:

Blogbeitrag Nr. 1 – von VALCO

Liebe Tierfreundinnen und Tierfreunde!

Wir – das sind Valentina und Nicodemus, genannt VALCO – haben diesen neuen Blog aus aktuellem Anlass ins Leben gerufen. Wir wollen hiermit dazu beitragen, die Tiere besser zu verstehen und ihnen ein artgerechtes Leben zu ermöglichen. Das ist mir als Tochter zweier Tierärzte und meinem Tierschützer-Freund sehr wichtig.

Wie ihr seht, haben wir einen angeschossenen Wolf in unserer Nachbarschaft retten können und die dafür Verantwortlichen erwischt. Mit Unterstützung vieler Bloggerinnen und Blogger. Denn nur gemeinsam sind wir stark. Wir hoffen, dass ihr uns auch weiterhin die Treue haltet, dass wir noch ganz viele mehr werden und dass wir zusammen die Rechte der Tiere richtig gut schützen können.

In unserem ersten Beitrag geht es um die Wölfe.

Steckbrief Wolf (Canis lupus)

Lebensraum: Wölfe sind sehr anpassungsfähig und leben im Flachland und im Gebirge, am Meer und im Binnenland. Früher gab es sie auf der ganzen Nordhalbkugel der Erde, heute gibt es jedoch nur noch in Kanada, in Teilen Europas und in Russland größere Wolfsbestände. Weil sie bei uns geschützt sind, konnten sich die Wölfe auch in Österreich wieder ausbreiten. Wichtig ist, dass sie genügend Beutetiere und Verstecke finden.

Aussehen und Körperbau: Wölfe sind deutlich größer als ein Schäferhund und können bis zu 90 Zentimeter groß und 1,40 Meter lang werden. Ein erwachsener Wolf ist 30 bis 50 Kilogramm schwer. Das Fell ist meist gelbbraun bis grau, im Gesicht eher dunkel mit weißen Wangen. Die

Schwanzspitze ist schwarz. Wölfe haben lange schlanke Beine und eine kräftige Brust. Sie sind die geborenen Langstreckenläufer.

Familie: Beim Wolf nennt man die Familie Rudel. Nach einer Tragzeit von 63 Tagen bekommt die Wölfin im Frühsommer Nachwuchs. Meist bringt sie vier bis sechs Welpen zur Welt, die acht Wochen lang gesäugt werden. Um die Erziehung der Jungen kümmern sich die Eltern zusammen mit den großen Geschwistern vom letzten Jahr. Für die zweijährigen Jungwölfe ist das Familienleben mit der Geburt der neuen Welpen jedoch vorbei: Sie müssen das Rudel verlassen und sich selbst ein Revier suchen.

Heulen und Bellen: Wölfe sind sehr gesellig. Sie sprechen ständig miteinander. Durch bestimmte Gesten, durch ihren Gesichtsausdruck, durch Bellen oder Knurren und andere Laute. Am bekanntesten ist das Heulen der Wölfe. Damit markiert ein Rudel sein Revier und stärkt seine Zusammengehörigkeit.

Wolfssinne: Wölfe können besonders gut riechen und hören. Ein Beutetier oder einen anderen Wolf riechen sie zwei Kilometer weit. Wenn irgendwo Wölfe heulen, dann hören ihre Artgenossen das noch in fast zehn Kilometern Entfernung!

gefällt mir   kommentieren   teilen

Gratis auf unserer Website:
Begleitmaterial zum Download für jeden Lesezug-Band!

Übungen zum Textverständnis, Wortschatzübungen, Schreibanlässe, Wörterbucharbeit und vieles mehr – genau angepasst an die jeweilige Schulstufe!

LESEZUG-Profi

Begleitmaterial
für den Unterricht

erstellt von
Mag. Eva Siwy

G&G

Alles verkehrt!

... und die Rollen sind immer noch vertauscht.

... einige Wörter, du kannst sie bestimmt wieder einsetzen!

Sorgen - Schule - chaotischer - Fahrkünste - ängstlich - krank - Büro - Montagmorgen

Frau Hausmann macht sich große _____ wie Leonie die Lohnverrechnung erledigen soll. Auch Tim macht sich Gedanken, was Mama und Papa in der _____ so treiben werden. Der _____ verläuft noch _____ als sonst. Da Leonies _____ wieder verschwunden sind, fährt die Familie mit dem Bus. Tim ist so _____, dass er in Papas _____ anruft und sich _____ meldet!

Hier gehört Schwung in die

Lies dir die Sätze durch und überlege, ob sie richtig oder falsch sind. Kreuze an!

	richtig	falsch
Leonie trinkt genauso gerne Kaffee wie ihre Mutter.		
Leonie soll dringend die Lohnverrechnung für das Hotel Wunsch erledigen.		
Frau Hausmann darf in der Schule nicht telefonieren und wird dabei von Frau Moser erwischt.		
Leonie schafft es, die Lohnverrechnung ohne Hilfe zu meistern.		
Frau Hausmanns Chef wird unter den Kollegen Herr Birnbauch genannt, weil er so einen dicken Bauch hat.		

Beispielseiten aus dem Band „Voll verzaubert" von Ulrike Motschiunig

Alle Lesezug-Bücher
sowie Begleitmaterial finden Sie unter
www.lesezug.at

ISBN 978-3-7074-2240-5
4. Klasse, ab 8/9 Jahre

ISBN 978-3-7074-2157-6
4. Klasse, ab 8/9 Jahre

ISBN 978-3-7074-2106-4
4. Klasse, ab 8/9 Jahre

ISBN 978-3-7074-2143-9
4. Klasse, ab 8/9 Jahre

ISBN 978-3-7074-2079-1
4. Klasse, ab 8/9 Jahre

ISBN 978-3-7074-2078-4
4. Klasse, ab 8/9 Jahre